쑥쑥 타자실력

차시	날짜	빠르기	정확도	확인란
1	월 일	타	%	
2	월 일	타	%	
3	월 일	타	%	
4	월 일	타	%	
5	월 일	타	%	
6	월 일	타	%	
7	월 일	타	%	
8	월 일	타	%	
9	월 일	타	%	
10	월 일	타	%	
11	월 일	타	%	
12	월 일	타	%	

차시	날짜	빠르기	정확도	확인란
13	월 일	타	%	
	월 일	타	%	
	일	타	%	
16	월 일	타	%	
17	월 일	타	%	
18	월 일	타	%	
19	월 일	타	%	
20	월 일	타	%	
21	월 일	타	%	
22	월 일	타	%	
23	월 일	타	%	
24	월 일	타	%	

이 책의 목차

처음부터 차근차근 따라하다 보면
어느새 나도 파워포인트 2021 전문가!!

파워포인트 2021 시작하기

학습목표

✮ 파워포인트 2021의 화면 구성을 이해할 수 있어요.
✮ 파워포인트 2021을 실행하여 원하는 파일을 불러오고 저장할 수 있어요.
✮ 슬라이드에 아이콘을 삽입할 수 있어요.

✮ **파워포인트** 발표 자료를 손으로 직접 만들면 힘들고 시간도 많이 걸릴 뿐만 아니라 발표 내용 전달이 잘 안 될 수도 있어요. 하지만 컴퓨터와 파워포인트를 이용하면 발표 자료를 쉽고 빠르게 만들 수 있으며 발표까지 멋지게 할 수 있어요.

미리보기    실습파일 : 파포퀴즈.pptx   완성파일 : 파포퀴즈(완성).pptx

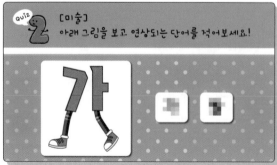

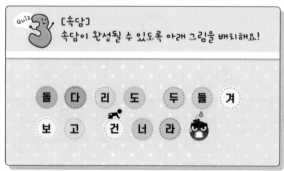

파워포인트가 뭐예요?

여러 사람들 앞에서 설명을 하거나 발표하는 것을 프레젠테이션(Presentation)이라고 하는데, 파워포인트는 대표적인 프레젠테이션 프로그램이에요. 요즘은 소비자 계층에 맞추어 여러 가지 프레젠테이션 프로그램이 개발되었지만 아직까지도 많은 사람(선생님, 학생, 회사원 등)들이 파워포인트 프로그램을 사용하고 있어요.

STEP 01 : 파워포인트 2021 화면 구성

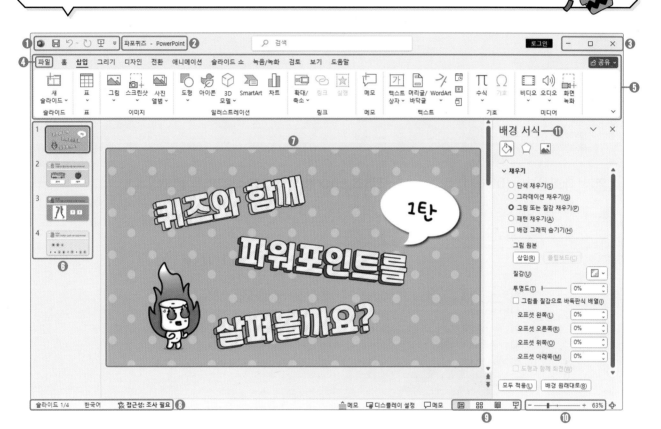

❶ **빠른 실행 도구 모음** : 자주 사용하는 도구들을 빠르게 실행할 수 있도록 모아 놓은 것으로, 필요한 기능을 추가하거나 삭제할 수 있어요.

❷ **제목 표시줄** : 현재 작업 중인 문서의 파일명이 표시돼요.

❸ **창 조절 버튼** : 창 크기를 최소화/최대화하거나 창을 닫을 수 있어요.

❹ **[파일] 탭** : 새로 만들기, 열기, 저장, 인쇄 등 파일 관리를 할 수 있어요.

❺ **리본 메뉴** : 탭을 누르면 해당 탭의 리본이 열리고 도구와 기능이 표시돼요.

❻ **축소판 그림/개요 창** : 슬라이드의 축소판 그림을 표시하거나 개요 형태의 텍스트가 표시돼요.

❼ **슬라이드 작업 창** : 슬라이드의 개체(도형, 텍스트 상자, 그림 등)를 다루면서 문서를 편집하는 작업 공간이에요.

❽ **상태 표시줄** : 슬라이드 번호, 언어, 접근성 검사 등이 표시돼요.

❾ **화면 보기 버튼** : 기본, 여러 슬라이드, 읽기용 보기, 슬라이드 쇼 등의 보기 형식을 선택할 수 있어요.

❿ **확대/축소** : 슬라이드 작업 창의 슬라이드 크기를 조절할 수 있어요.

⓫ **작업창** : 선택한 개체(도형, 텍스트 상자, 그림 등)의 서식을 자세히 설정할 수 있어요.

STEP 02 : 파워포인트를 실행하여 글자 수정하기

1 ▸ [시작(▣)]-[모든 앱]- PowerPoint 를 선택하여 프로그램을 실행한 후 **[열기]-[찾아보기]**를 클릭합니다.

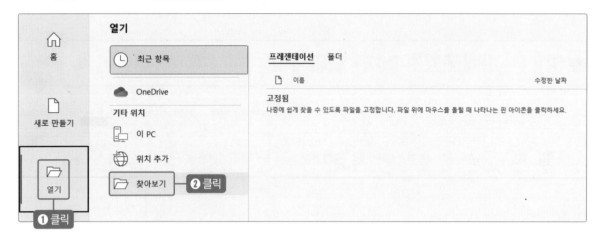

2 ▸ [열기] 대화상자의 **[01차시]** 폴더에서 **파포퀴즈.pptx**를 선택한 후 <열기>를 클릭합니다.

LEVEL UP! [파일 탐색기]를 이용하여 프로그램 실행하기

[파일 탐색기]에서 원하는 파일을 더블클릭하면 프로그램을 별도로 실행하지 않아도 자동으로 파일이 열려요.

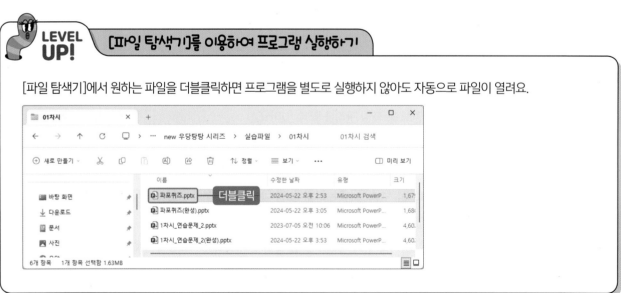

3 ▸ 파일이 열리면 왼쪽 축소판 그림 창에서 **[2 슬라이드]**를 클릭합니다.

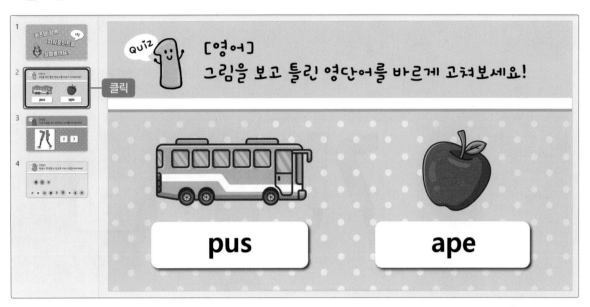

4 ▸ p 왼쪽을 클릭하여 Delete 를 누른 후 **b**를 입력합니다.

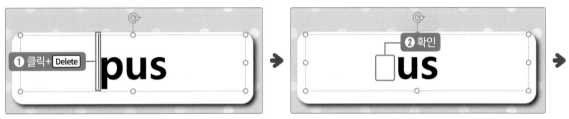

▲ pus를 bus로 수정

5 ▸ p와 e 사이를 클릭한 후 **pl**을 입력합니다.

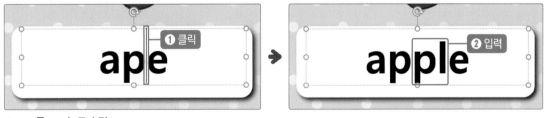

▲ ape를 apple로 수정

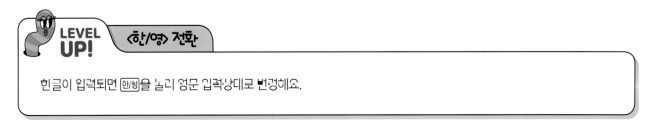

LEVEL UP! ⟨한/영⟩ 전환

한글이 입력되면 한/영을 눌러 영문 입력상태로 변경해요.

6 ▸ **[3 슬라이드]**를 클릭하여 물음표(?)를 삭제한 후 그림과 연상되는 단어를 입력합니다.

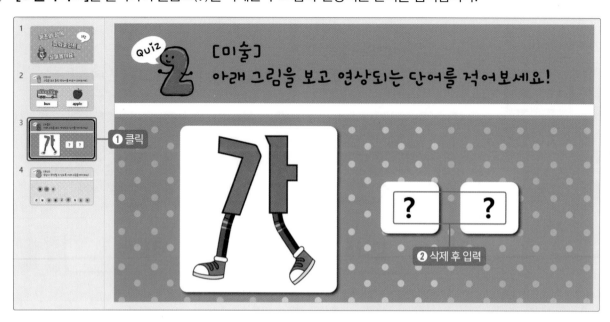

7 ▸ **[4 슬라이드]**를 클릭한 후 그림을 드래그하여 속담을 만들어 보세요.

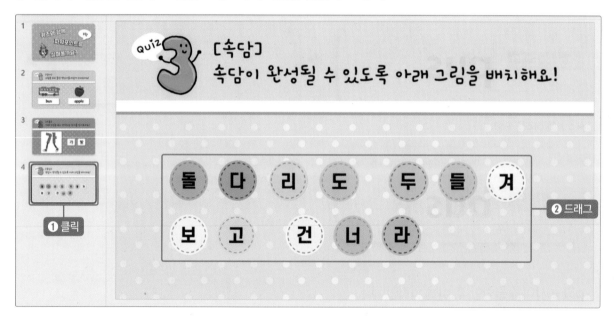

1 ▸ [삽입] 탭에서 [아이콘(🍃)]을 클릭합니다.

2 ▸ [스톡 이미지] 대화상자의 **[아이콘]**에서 원하는 아이콘을 선택한 후 <삽입>을 클릭합니다.

3 ▸ 아이콘이 삽입되면 대각선 조절점(⬚)을 드래그하여 크기를 조절한 후 위치를 변경합니다.

4 ▸ 똑같은 방법으로 [스톡 이미지] 대화상자의 **[스티커]**에서 원하는 스티커를 삽입한 후 크기와 위치를 변경합니다.

5 ▸ 모든 작업이 끝나면 **[파일]-[저장]** 또는 빠른 실행 도구 모음에서 **저장(💾)**을 클릭합니다.

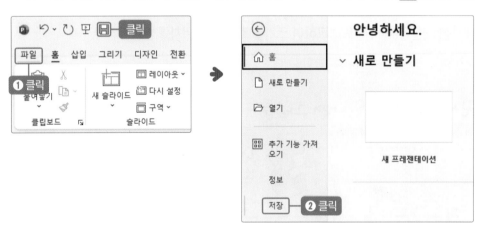

1 아래 그림을 참고하여 [1번~4번 슬라이드]를 작업(아이콘 및 스티커 추가)한 후 저장하세요.

· 실습파일 : 01차시_연습문제_1.pptx   · 완성파일 : 01차시_연습문제_1(완성).pptx

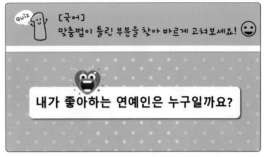
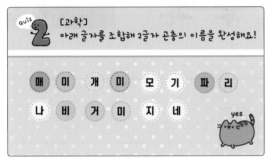

2 아래 그림을 참고하여 2번~4번 슬라이드의 제목 도형에 텍스트 내용을 입력하고 [1번 슬라이드]에 스티커를 추가한 후 저장하세요.

· 실습파일 : 01차시_연습문제_2.pptx   · 완성파일 : 01차시_연습문제_2(완성).pptx

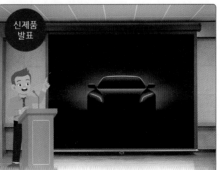

테마를 이용하여 로블록스 프레젠테이션 만들기

학습목표

☆ 슬라이드의 크기를 변경할 수 있어요.

☆ 테마를 적용하여 슬라이드를 꾸밀 수 있어요.

☆ 슬라이드를 추가해 내용을 입력하고 3D 모델을 삽입할 수 있어요.

☆ 테마 테마에는 색, 글꼴, 효과, 배경, 스타일 등이 미리 디자인되어 있어요. 별도의 디자인 작업 없이 원하는 테마를 적용한 후 내용만 입력하면 순식간에 멋진 슬라이드를 만들 수 있어요.

 미리보기

실습파일 : 이미지 파일   완성파일 : 로블록스(완성).pptx

로블록스 소개하기

김마린

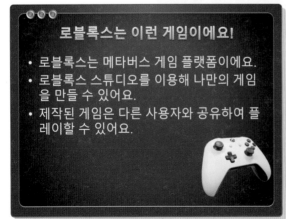

로블록스는 이런 게임이에요!

- 로블록스는 메타버스 게임 플랫폼이에요.
- 로블록스 스튜디오를 이용해 나만의 게임을 만들 수 있어요.
- 제작된 게임은 다른 사용자와 공유하여 플레이할 수 있어요.

로블록스 게임 화면

메타버스 게임 플랫폼

STEP 01 · 슬라이드 크기 변경하기

1 ▸ [시작(⊞)]-[모든 앱]-  PowerPoint 를 선택하여 프로그램을 실행한 후 **[홈]-[새 프레젠테이션]**을 클릭합니다.

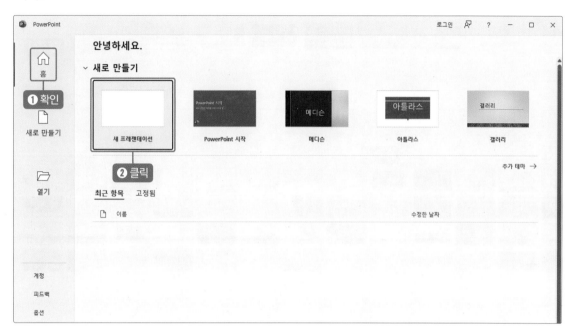

2 ▸ 새 파일이 열리면 [디자인] 탭에서 [슬라이드 크기(▭)]-**표준(4:3)**을 클릭합니다.

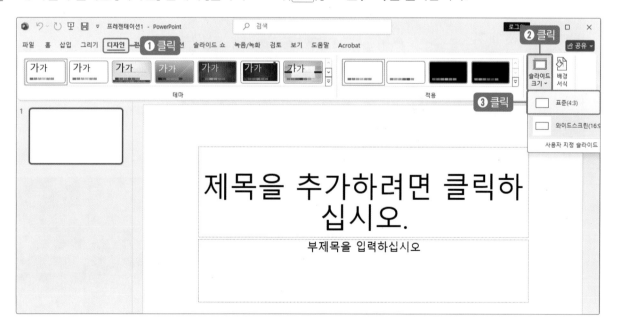

STEP 02 : 디자인 테마 적용하기

1 ▸ [디자인] 탭의 [테마] 그룹에서 ▾를 눌러 **디지털 테마(**가가**)**를 선택합니다.

2 ▸ 제목 추가를 클릭하여 **로블록스 소개하기**로 입력한 후 부제목을 클릭하여 본인의 **이름**을 입력합니다.

STEP 03 : 슬라이드 삽입 및 내용 입력

1 ▸ [삽입] 탭에서 [새 슬라이드(새 슬라이드 ∨)]-**제목 및 내용**을 선택합니다.

2 ▸ 슬라이드가 추가되면 아래 그림을 참고하여 **제목과 텍스트 내용을 입력**합니다.

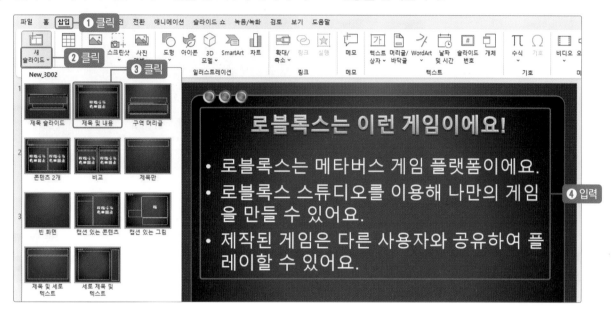

3 ▸ 똑같은 방법으로 **캡션 있는 그림**으로 슬라이드를 추가한 후 아래 그림을 참고하여 **제목과 텍스트 내용을 입력**합니다.

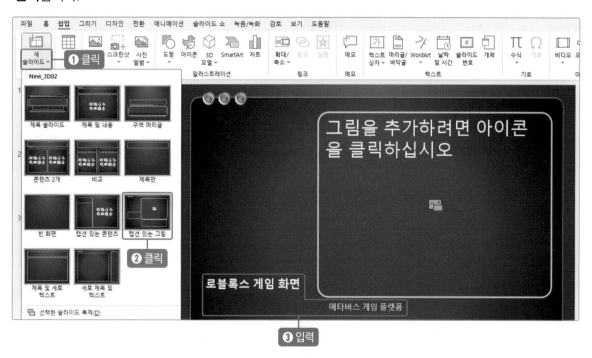

4 ▶ 가운데 **그림( )** 아이콘을 클릭한 후 [그림 삽입] 대화상자의 [02차시] 폴더에서 **로블록스게임**을 더블클릭합니다.

STEP 04 : **3D 모델을 추가하여 슬라이드 꾸미기**

1 ▶ [1 슬라이드]를 선택한 후 [삽입] 탭에서 [3D 모델()]–[스톡 3D 모델]을 클릭합니다.

2 ▶ [온라인 3D 모델] 대화상자에서 **[Avatars]**를 클릭한 후 원하는 아바타를 선택하여 <삽입>합니다.

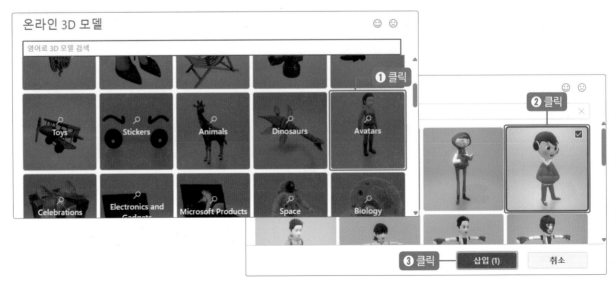

3 ▸ 아바타가 삽입되면 대각선 조절점()을 드래그하여 크기를 조절한 후 위치를 변경합니다.

4 ▸ 가운데 360도 회전 핸들()을 마우스로 드래그하여 아바타를 원하는 방향으로 회전시키세요.

5 ▸ [2 슬라이드]를 선택한 후 똑같은 방법으로 [Microsoft Products]에서 조이스틱을 삽입합니다.

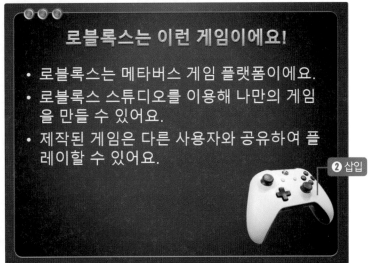

6 ▸ 이번에는 [3 슬라이드]를 선택한 후 [All Animated Models]에서 애니메이션이 적용된 3D 공룡 모델을 추가해 보세요.

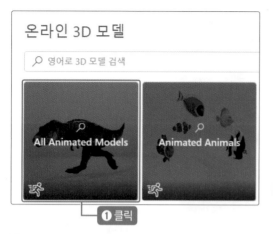

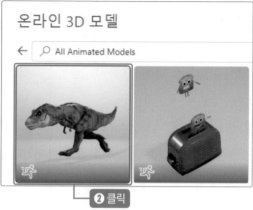

 LEVEL UP! 애니메이션 3D 모델

이미지 아래쪽에 🏃 아이콘이 있는 모델은 움직임이 포함된 3D 모델이에요. 해당 개체를 선택한 후 [3D 모델] 탭에서 [장면]을 클릭하면 여러 가지 장면을 선택할 수 있어요.

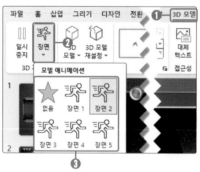

7 ▸ 움직이는 3D 공룡이 삽입되면 아래 그림을 참고하여 위치와 방향을 변경해 보세요.

8 ▸ 모든 작업이 끝나면 파일을 **저장(🖫)** 한 후 [슬라이드 쇼] 탭에서 [**처음부터 (🖳)**]를 클릭하거나 F5를 눌러 슬라이드를 확인해 보세요.

1 아래 그림을 참고하여 패싯 테마를 적용한 후 텍스트, 이미지, 3D 모델을 추가해 보세요. 3D 모델은 [Dioramas]와 [Animals]에서 찾아보세요.

· **실습파일** : 02차시_연습문제_1.pptx   · **완성파일** : 02차시_연습문제_1(완성).pptx

2 [새 프레젠테이션]을 이용하여 아래 그림과 조건을 참고하여 슬라이드를 작성해 보세요.

· **실습파일** : 없음   · **완성파일** : 02차시_연습문제_2(완성).pptx

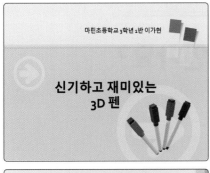
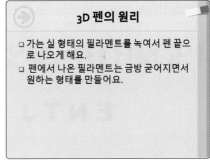

작성 조건
· 슬라이드 크기(표준(4:3)) → 테마(메모) → 새 슬라이드 추가(제목 및 내용, 콘텐츠 2개)
· 텍스트, 이미지, 3D 모델(Pen으로 검색) 추가

#글꼴 서식 #글머리 기호 및 번호 매기기 #줄 간격

03 글머리 기호로 MBTI 확인하기

학습목표

- 글꼴 서식(글꼴, 글꼴 색 등)을 지정할 수 있어요.
- 글머리 기호 및 번호 매기기 목록을 만들 수 있어요.
- 문장의 줄 간격을 변경할 수 있어요.

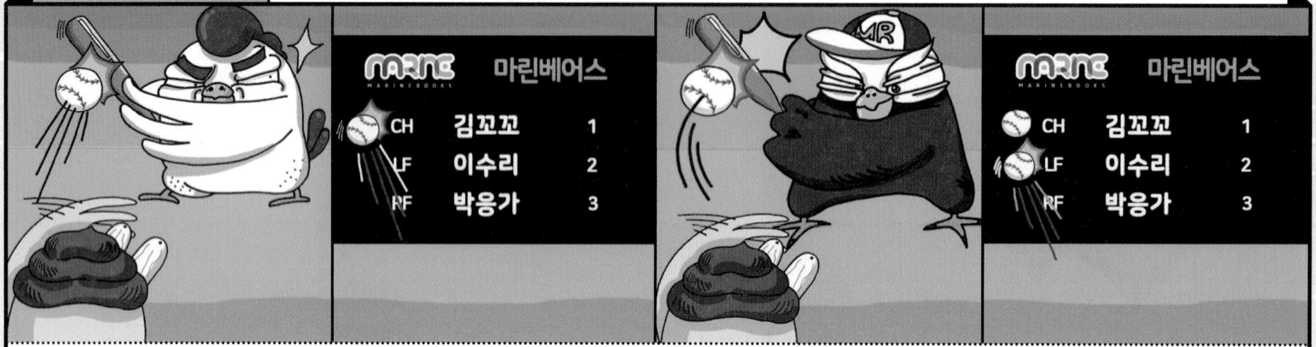

MARINE
MARINEBOOKS
마린베어스
CH 김꼬꼬 1
LF 이수리 2
RF 박응가 3
MARINE
MARINEBOOKS
마린베어스
CH 김꼬꼬 1
LF 이수리 2
RF 박응가 3

글머리 기호 여러 줄에 걸쳐 내용을 입력할 때 문단의 맨 앞에 기호 또는 번호를 매길 수 있어요. 문단 맨 앞에 글머리 기호나 번호를 사용하면 많은 내용을 깔끔하게 정리할 수 있어요.

미리보기

실습파일 : MBTI.pptx 완성파일 : MBTI(완성).pptx

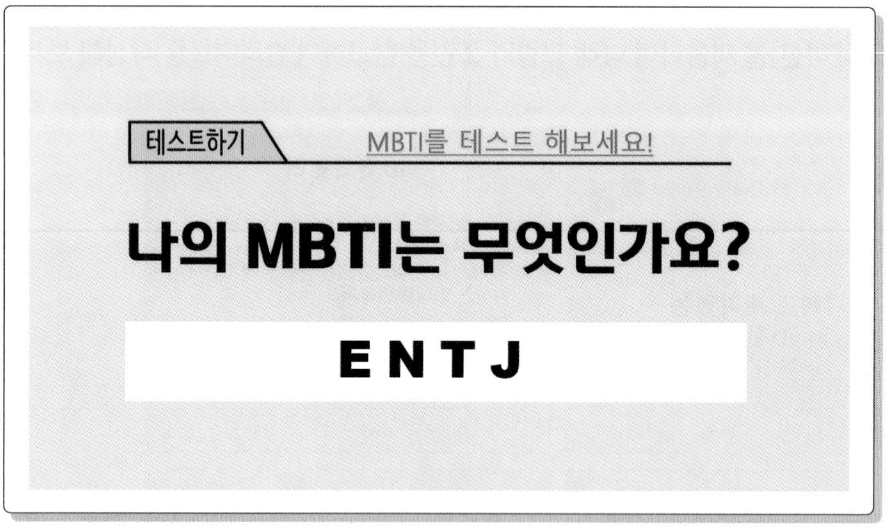

테스트하기
MBTI를 테스트 해보세요!
나의 MBTI는 무엇인가요?
E N T J

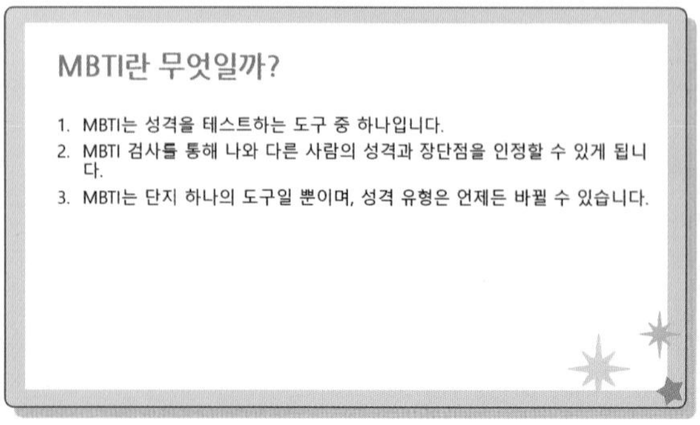

MBTI란 무엇일까?
1. MBTI는 성격을 테스트하는 도구 중 하나입니다.
2. MBTI 검사를 통해 나와 다른 사람의 성격과 장단점을 인정할 수 있게 됩니다.
3. MBTI는 단지 하나의 도구일 뿐이며, 성격 유형은 언제든 바뀔 수 있습니다.

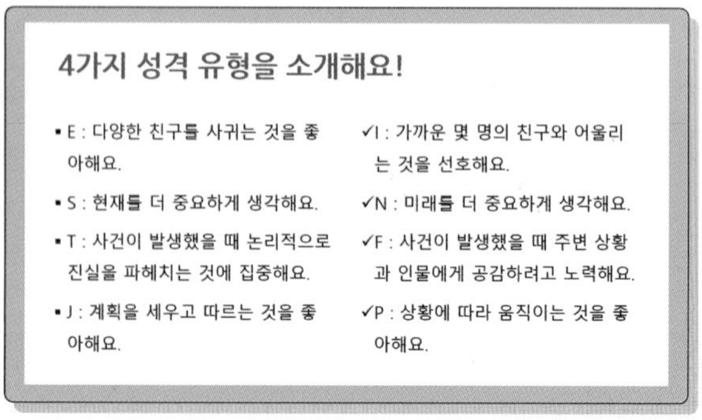

4가지 성격 유형을 소개해요!
▪ E : 다양한 친구를 사귀는 것을 좋아해요.
✓I : 가까운 몇 명의 친구와 어울리는 것을 선호해요.
▪ S : 현재를 더 중요하게 생각해요.
✓N : 미래를 더 중요하게 생각해요.
▪ T : 사건이 발생했을 때 논리적으로 진실을 파헤치는 것에 집중해요.
✓F : 사건이 발생했을 때 주변 상황과 인물에게 공감하려고 노력해요.
▪ J : 계획을 세우고 따르는 것을 좋아해요.
✓P : 상황에 따라 움직이는 것을 좋아해요.

1 ▶ [시작(⊞)]-[모든 앱]- PowerPoint 를 선택하여 프로그램을 실행한 후 **[열기]-[찾아보기]**를 클릭합니다.

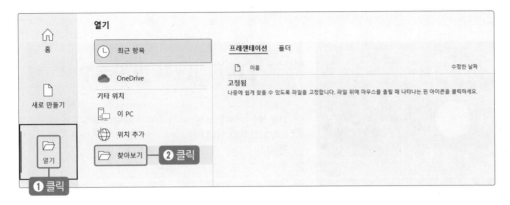

2 ▶ [열기] 대화상자의 **[03차시]** 폴더에서 **MBTI.pptx**를 선택한 후 <열기>를 클릭합니다.

3 ▶ 파일이 열리면 **[2 슬라이드]**를 선택한 후 Ctrl을 누른 채 **MBTI를 테스트 해보세요!**를 클릭합니다.

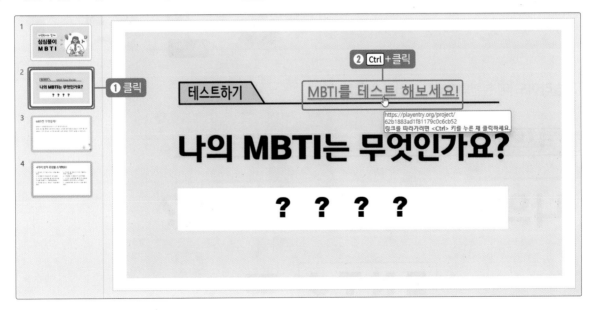

STEP 02 : MBTI 테스트하여 결과 입력하기

1 ▸ 온라인 엔트리가 실행되면 ⊙ 버튼을 누른 후 ⊙시작하기 를 클릭합니다.

2 ▸ MBTI 문제가 나오면 내용을 읽고 본인의 생각대로 답을 선택해 보세요.

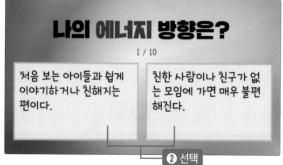

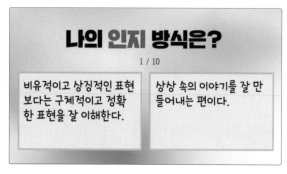

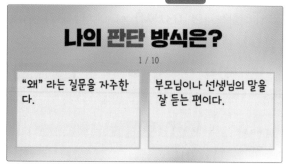

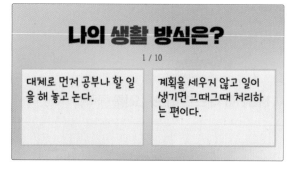

3 ▸ [2 슬라이드]에 본인의 MBTI 타입을 입력합니다.

STEP 03 : 글꼴 서식 변경 및 번호 매기기 목록 만들기

1 ▸ [3 슬라이드]를 선택한 후 제목의 테두리를 클릭합니다.

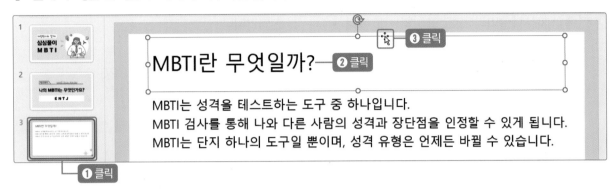

2 ▸ [홈] 탭에서 **글꼴(나눔고딕), 굵게(가), 글꼴 색(갑)**을 지정합니다.

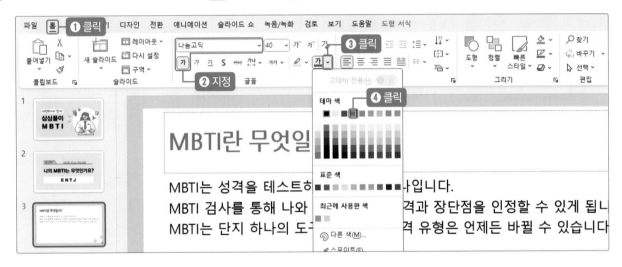

3 ▸ 아래쪽 내용을 선택한 후 테두리를 클릭합니다. [홈] 탭에서 [번호 매기기(目)]의 ▾를 눌러 **1, 2, 3**을 선택합니다.

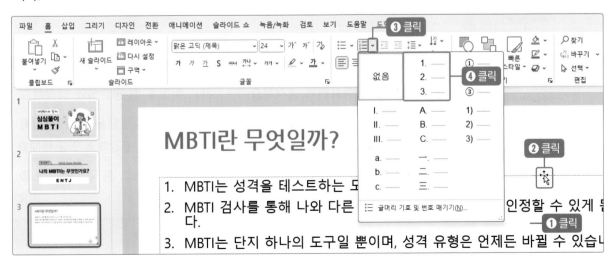

STEP 04 : 글머리 기호 목록 만들기 및 줄 간격 변경하기

1 ▸ **[4 슬라이드]**를 선택한 후 왼쪽 내용의 테두리를 클릭합니다.

2 ▸ [홈] 탭에서 [글머리 기호(▤)]의 ⌄를 눌러 ▪ ─── 을 선택합니다.

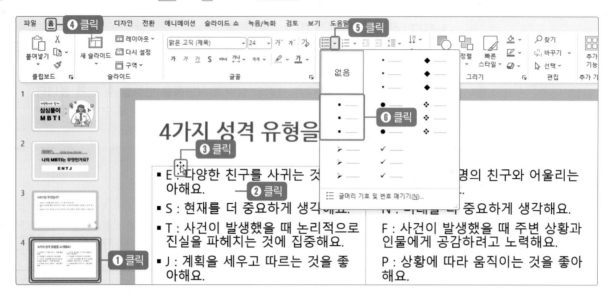

3 ▸ [홈] 탭에서 [줄 간격(▤)]-**1.5**를 선택합니다.

4 ▸ 오른쪽 내용도 똑같은 방법으로 [글머리 기호(▤)]와 [줄 간격(▤)]을 변경해 보세요.

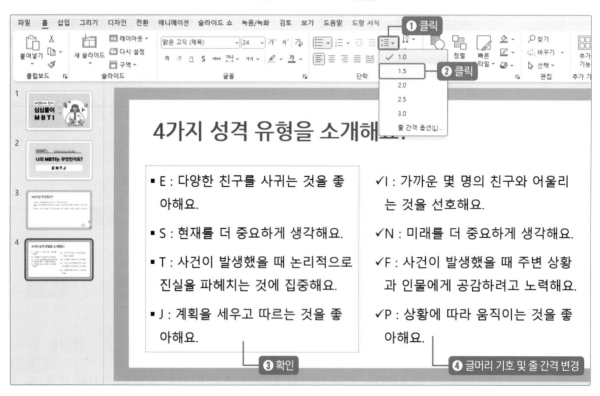

5 ▸ 모든 작업이 끝나면 **[파일]**-**[저장]** 또는 빠른 실행 도구 모음에서 **저장(▤)**을 클릭합니다.

1 아래 그림을 참고하여 내용을 입력한 후 글꼴, 줄 간격, 글머리 기호를 변경해 보세요.

· 실습파일 : 03차시_연습문제_1.pptx　　· 완성파일 : 03차시_연습문제_1(완성).pptx

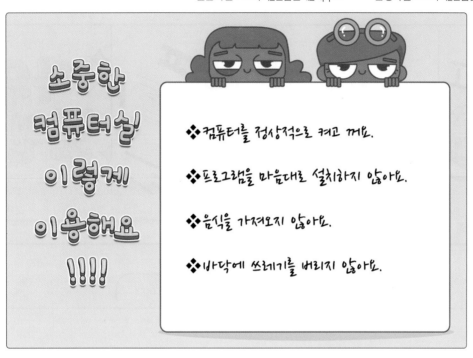

소중한
컴퓨터실
이렇게
이용해요
!!!!

❖컴퓨터를 정상적으로 켜고 꺼요.

❖프로그램을 마음대로 설치하지 않아요.

❖음식을 가져오지 않아요.

❖바닥에 쓰레기를 버리지 않아요.

2 아래 그림을 참고하여 오탈자를 수정한 후 번호 매기기, 글머리 기호, 글꼴 색을 변경해 보세요.

· 실습파일 : 03차시_연습문제_2.pptx　　· 완성파일 : 03차시_연습문제_2(완성).pptx

떡볶이 만드는 방법

마린분식
비밀 레시피
#떡볶이

① 떡 400g과 물 300ml를 넣습니다.
② 설탕 4스푼, 간장 2스푼, 고춧가루 1스푼, 고추장 1스푼을 넣습니다.
③ 물을 끓이기 시작합니다.
④ 물이 끓으면 파를 넣고 약간 졸여줍니다.
✓취향에 따라 치즈, 라면, 삶은 달걀을 넣으면 더 맛있어요!

작성
조건
· 제목 입력 후 원하는 글꼴 서식을 적용
· 마지막 문장은 블록 지정 후 글머리 기호 추가

학습목표

#워드아트 #효과 지정 #텍스트 상자 복사

워드아트로 나의 BEST3 소개하기

☆ 워드아트를 삽입하고 서식을 지정할 수 있어요.
☆ 워드아트에 다양한 효과를 지정할 수 있어요.
☆ 텍스트 상자를 삽입한 후 복사 및 붙여넣기를 할 수 있어요.

☆ 워드아트   글자를 예쁘게 꾸미는 작업은 생각보다 어려워요. 하지만 여러 가지 효과(채우기 색, 윤곽선 색, 그림자, 반사 등)가 적용되어 있는 워드아트를 사용하면 쉽고 빠르게 예쁜 글자를 만들 수 있어요.

 미리보기

실습파일 : BEST_3 소개.pptx   완성파일 : BEST_3 소개(완성).pptx

STEP 01 : 워드아트 삽입하고 효과 지정하기

1 ▸ [04차시] 폴더에서 **BEST_3 소개.pptx** 파일을 열고 **[1 슬라이드]**를 선택합니다.

2 ▸ [삽입] 탭에서 [WordArt(✍)]– A 를 클릭합니다.

3 ▸ 워드아트가 삽입되면 **나의 BEST를 소개해요**를 입력합니다. 만약, 안쪽 블록이 해제되었을 경우에는 마우스로 드래그하여 블록으로 지정해 주세요.

4 ▸ 테두리를 클릭한 후 [홈] 탭에서 **글꼴 크기(80)**를 지정합니다.

5 ▸ [도형 서식] 탭에서 [텍스트 효과()]-[변환]-**수축: 위쪽(abcde)**을 클릭합니다.

6 ▸ 테두리를 드래그하여 위치를 변경합니다.

7 ▸ 똑같은 방법으로 [WordArt()]-A를 클릭하여 본인 이름을 입력한 후 위치를 이동시키세요.

STEP 02 : 가로 텍스트 상자를 이용하여 슬라이드 작성하기

1 ▸ **[2 슬라이드]**를 선택한 후 워드아트를 이용하여 제목에 **음식**을 입력합니다.

2 ▸ [삽입] 탭에서 **텍스트 상자(**텍스트 상자▾**)**를 클릭한 후 **가로 텍스트 상자 그리기**를 선택합니다.

워드아트 서식 지정

입력된 워드아트의 테두리를 선택한 후 [도형 서식] 탭에서 '텍스트 채우기(⚬), 텍스트 윤곽선(⚬), 텍스트 효과(⚬)'를 이용하여 다양하게 서식을 지정할 수 있어요.

내가 좋아하는 음식 BEST 3

▲ 텍스트 채우기(■), 텍스트 윤곽선(■), 텍스트 효과(반사 △)

3 ▸ 커서가 변경(↓)되면 왼쪽 첫 번째 칸을 클릭하여 좋아하는 음식을 입력한 후 테두리를 클릭합니다.

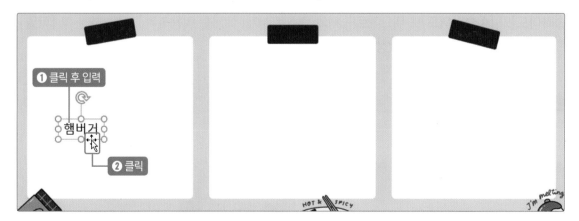

4 ▸ [홈] 탭에서 **글꼴(나눔고딕), 글꼴 크기(60), 굵게(가), 그림자(S)**를 지정한 후 테두리를 드래그하여 위치를 변경합니다.

5 ▸ Ctrl+Shift를 누른 채 텍스트 상자의 테두리를 오른쪽으로 드래그하여 복사한 후 내용을 수정합니다.

6 ▸ 똑같은 방법으로 텍스트 상자를 복사하여 남은 빈칸을 채우세요.

7 ▸ [3 슬라이드]와 [4 슬라이드]도 워드아트(가)와 텍스트 상자(텍스트 상자)를 이용하여 내용을 채운 후 [파일]-[저장] 또는 빠른 실행 도구 모음에서 **저장(🖫)**을 클릭합니다.

▲ [3 슬라이드]   ▲ [4 슬라이드]

1 아래 그림을 참고하여 워드아트를 추가한 후 원하는 텍스트 효과를 적용해 보세요.

· 실습파일 : 04차시_연습문제_1.pptx   · 완성파일 : 04차시_연습문제_1(완성).pptx

2 아래 그림을 참고하여 워드아트를 추가한 후 원하는 텍스트 효과를 적용해 보세요.

· 실습파일 : 04차시_연습문제_2.pptx   · 완성파일 : 04차시_연습문제_2(완성).pptx

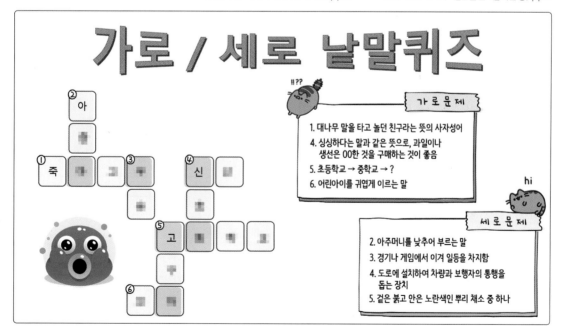

작성
조건
· 정답 입력은 텍스트 상자를 복사하여 내용을 수정(Ctrl+드래그)
· 이이콘 추가

도형을 이용하여 쥐돌이 그리기

학습목표

❈ 다양한 도형(삼각형, 타원, 직선, 곡선 등)을 삽입할 수 있어요.

❈ 삽입된 도형에 여러 가지 효과를 적용할 수 있어요.

❈ 도형을 회전시키고 원하는 위치에 복사할 수 있어요.

✦ 도형 파워포인트는 다양한 도형을 삽입하여 여러 가지 효과(색 채우기, 윤곽선, 도형 스타일, 그림자, 네온 등)를 적용할 수 있으며, 삽입된 도형은 회전을 하거나 그룹으로 묶어서 관리할 수 있어요.

 미리보기 실습파일 : 쥐돌이.pptx 완성파일 : 쥐돌이(완성).pptx

1 ▸ [05차시] 폴더에서 **쥐돌이.pptx** 파일을 열고 [삽입] 탭에서 [도형(⬚)]-[기본 도형]-**이등변 삼각형(△)**을 클릭합니다.

2 ▸ 마우스 포인터 모양(+)이 변경되면 Shift 를 누른 채 대각선 방향으로 드래그합니다.

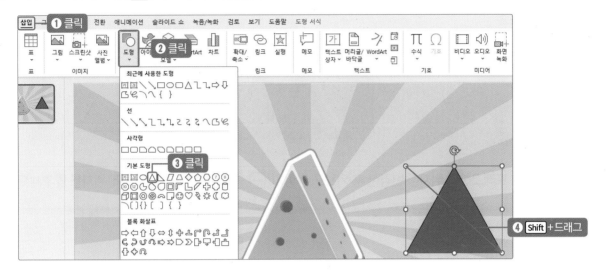

3 ▸ [도형 서식] 탭에서 [도형 채우기]-**회색 계열(⬚)**을 클릭합니다.

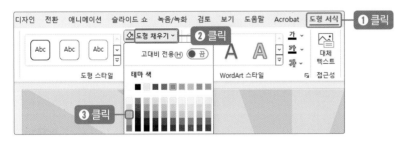

4 ▸ [도형 서식] 탭에서 [도형 윤곽선]-[두께]-2¼pt ────를 클릭합니다.

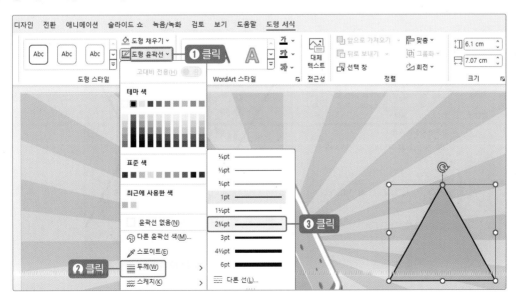

5 ▸ Ctrl 을 누른 채 도형을 드래그하여 복사한 후 [도형 서식] 탭에서 [회전(⟲)]–**상하대칭**을 클릭합니다.

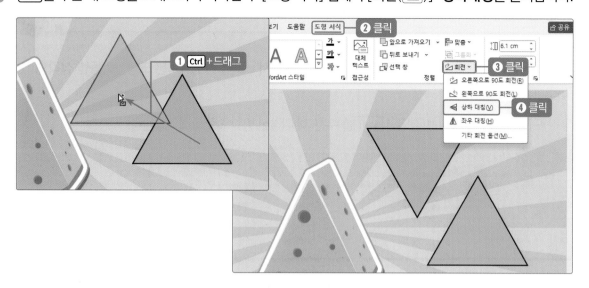

6 ▸ 복사된 도형을 드래그하여 위치를 변경한 후 키보드 방향키(←, →, ↑, ↓)로 세밀하게 위치를 맞추세요.

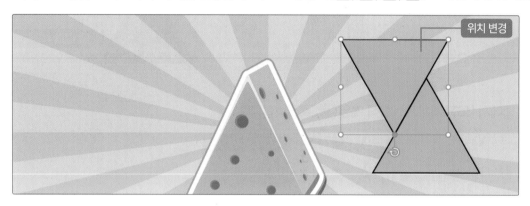

위치 변경

STEP 02 : 눈과 코 그리기

1 ▸ [삽입] 탭에서 [도형(◻)]–[기본 도형]–타원(◯)을 클릭한 후 드래그합니다.

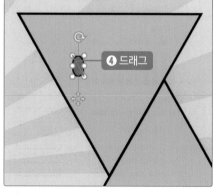

2 ▸ [도형 서식] 탭에서 [도형 채우기]-**검정색 계열(■)**을 클릭한 후 회전 핸들(↻)로 회전시키세요.

 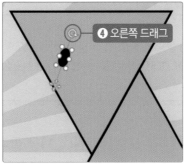

3 ▸ Ctrl + Shift 를 누른 채 도형을 드래그하여 복사한 후 [도형 서식] 탭에서 [회전(↻)]-**좌우대칭**을 클릭합니다.

4 ▸ 똑같은 방법으로 **타원(◯)**을 이용하여 코를 그리세요.

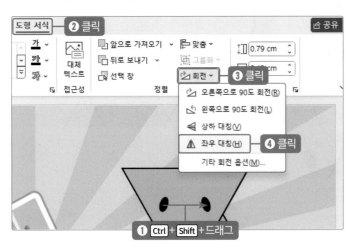 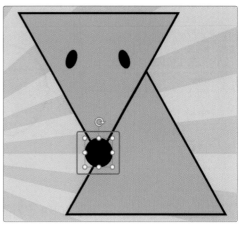

STEP 03 ⫶ **귀 그리기**

1 ▸ 쥐돌이 얼굴에서 마우스 오른쪽 버튼을 눌러 **[기본 도형으로 설정]**을 클릭합니다.

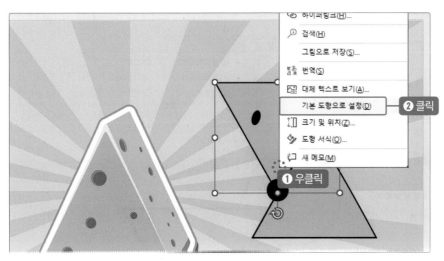

LEVEL UP! 기본 도형으로 설정

여러 가지 서식(도형 채우기, 도형 윤곽선, 도형 효과 등)이 적용된 도형을 대상으로 [기본 도형으로 설정]을 지정하면 이후에 도형을 삽입할 때 설정한 서식이 그대로 적용되어 반복 작업을 최소화할 수 있어요.

2 ▸ [삽입] 탭에서 [도형(📷)]-[기본 도형]-**타원(◯)**을 클릭한 후 Shift 를 누른 채 드래그합니다. 이어서, Ctrl 을 누른 채 도형을 드래그하여 복사합니다.

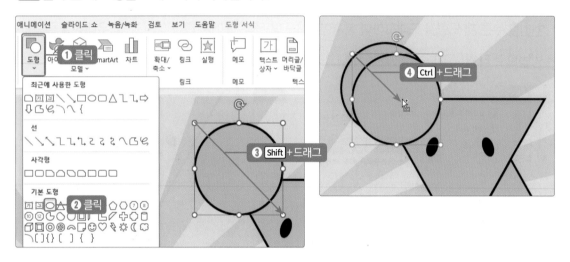

3 ▸ 대각선 조절점(⬭)을 드래그하여 크기를 조절한 후 위치를 변경합니다.

4 ▸ [도형 서식] 탭에서 [도형 채우기]-**주황색 계열(▢)**을 클릭한 후 Shift 를 누른 채 뒤쪽 도형을 선택합니다.

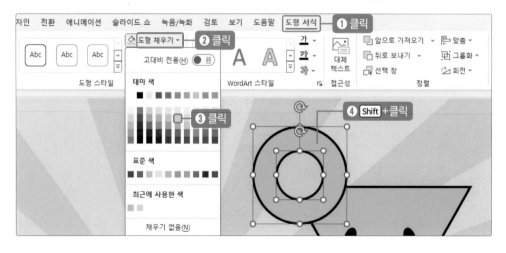

5 ▸ Ctrl + Shift 를 누른 채 2개의 도형을 드래그하여 복사한 후 Shift 를 누른 채 왼쪽 도형 2개를 클릭합니다.

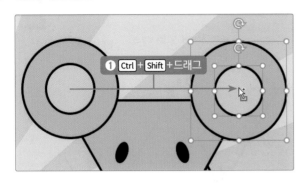 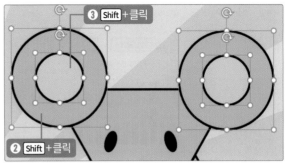

6 ▸ [도형 서식] 탭에서 [뒤로 보내기(▣)]의 ⌄를 눌러 **맨 뒤로 보내기**를 클릭합니다.

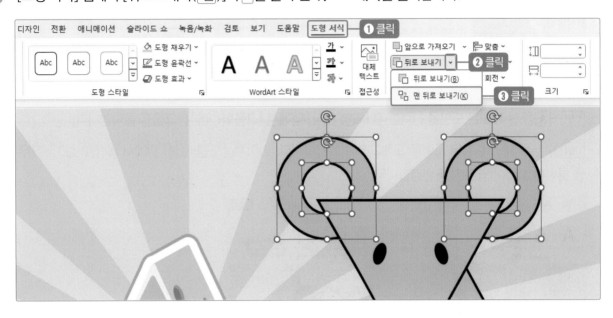

STEP 04 : **꼬리 그리고 복제하기**

1 ▸ [삽입] 탭에서 [도형(▣)]-[선]-**연결선: 구부러짐(⌐)**을 클릭한 후 드래그합니다.

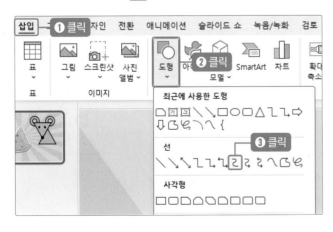 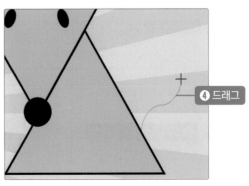

2 ▸ [도형 서식] 탭에서 [도형 윤곽선]-**검정색 계열(■)**을 선택한 후 [두께]-1½pt ── 를 클릭합니다.

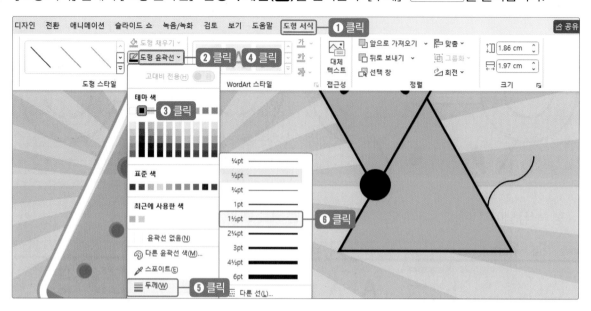

3 ▸ Ctrl+A를 눌러 모든 도형을 선택한 후 [도형 서식] 탭에서 [그룹화(⊞)]-**그룹**을 클릭합니다.

4 ▸ Ctrl을 누른 채 그룹화된 도형을 드래그하여 복사합니다. 이어서, [도형 서식] 탭에서 [회전(⟳)]-**좌우대칭**을 클릭한 후 크기와 위치를 변경합니다.

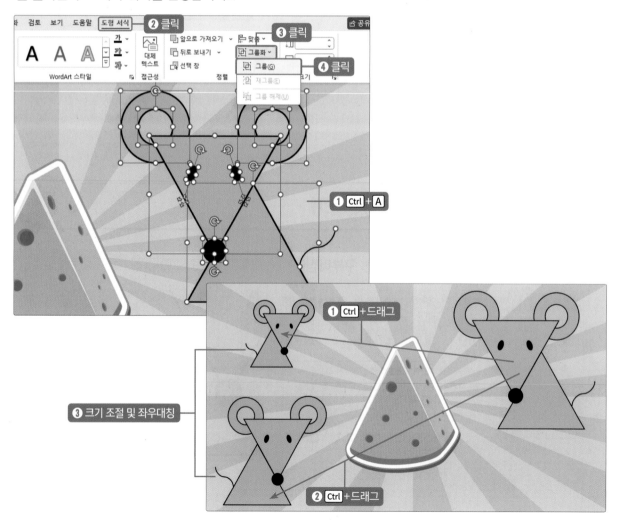

혼자서 뚝딱뚝딱

1 여러 가지 도형을 이용하여 귀여운 꽃게를 만들어 보세요.

· 실습파일 : 05차시_연습문제_1.pptx   · 완성파일 : 05차시_연습문제_1(완성).pptx

작성 조건

· 몸통과 배딱지 : 사각형: 둥근 모서리(□)
· 눈 : 타원(○), 직사각형(□) → 그룹화 → 도형 복사 후 좌우 대칭
· 집게발 : 부분 원형(◖), 사각형: 둥근 모서리(□) → 그룹화 → 도형 복사 후 좌우 대칭
· 다리 : 사각형: 둥근 모서리(□) → 도형 복사 및 크기 변경
· 작은 꽃게 : 모든 도형을 그룹으로 지정 → 도형 복사 → 크기 및 위치 변경
※도형의 색은 원하는 색으로 채우고 [맨 뒤로 보내기]를 이용하여 도형 배치

 도형 이름 확인하기

완성 파일을 열어서 특정 도형을 선택한 후 [도형 서식] 탭에서 [선택 창(🗗)]을 클릭하면 현재 슬라이드에 삽입된 모든 도형의 목록이 오른쪽 [선택] 창에 표시돼요.

#도형 삽입 #도형 통합 #도형 빼기 #도형 교차

06 도형 병합으로 핸드폰 로고 만들기

학습목표

- 도형 병합 기능을 이용하여 도형을 통합할 수 있어요.
- 도형 병합 기능을 이용하여 겹치는 부분만 뺄 수 있어요.
- 도형 병합 기능을 이용하여 교차되는 부분만 추출할 수 있어요.

도형 병합 2개 이상의 도형에 대해 통합, 결합, 조각, 교차, 빼기 기능을 적용하여 새로운 모양의 도형을 만들 수 있어요. 통합은 도형을 합치고, 교차는 겹치는 부분만 남기고, 빼기는 한 도형에서 다른 도형을 뺀 부분만 표시해요.

미리보기

실습파일 : 로고 만들기.pptx 완성파일 : 로고 만들기(완성).pptx

1 ▸ [06차시] 폴더에서 **로고 만들기.pptx** 파일을 열고 **[1 슬라이드]**를 선택합니다.

2 ▸ [삽입] 탭에서 [도형( )]-[기본 도형]-타원( )을 클릭한 후 드래그합니다.

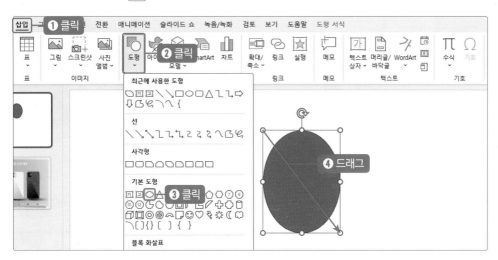

3 ▸ 회전 핸들( )을 왼쪽으로 드래그하여 회전시킨 후 Ctrl+Shift를 누른 채 도형을 드래그하여 복사합니다.

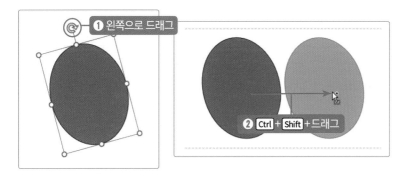

4 ▸ [도형 서식] 탭에서 [회전( )]-**좌우대칭**을 클릭한 후 키보드 방향키(←, →, ↑, ↓)를 이용하여 아래 그림처럼 위치를 변경합니다.

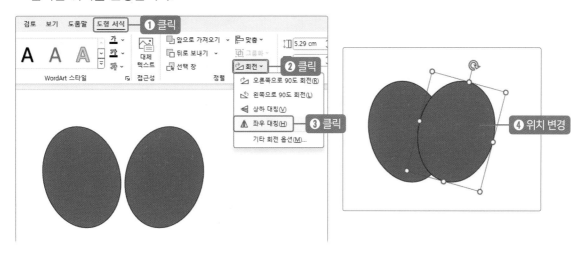

5 ▸ Shift 를 누른 채 왼쪽 도형을 선택한 후 [도형 서식] 탭에서 [도형 병합()]–**통합**을 클릭합니다.

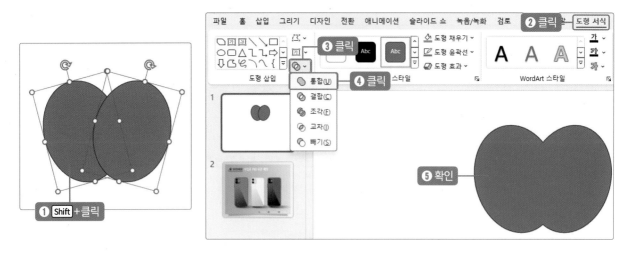

STEP **02** : **한입 베어 문 사과 모양 만들기**

1 ▸ [삽입] 탭에서 [도형(▣)]–[기본 도형]–**타원(◯)**을 클릭한 후 드래그합니다.

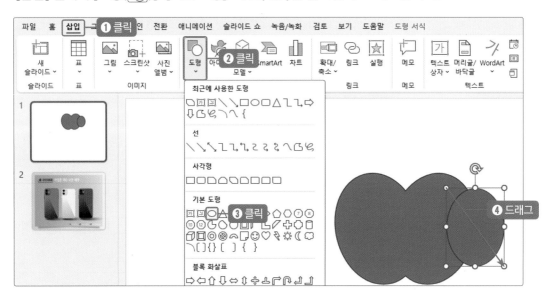

2 ▸ 회전 핸들(⟳)을 오른쪽으로 드래그하여 조금만 회전시킨 후 위치를 변경하고 Esc 를 누르세요.

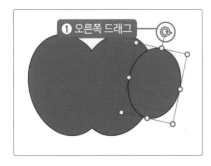 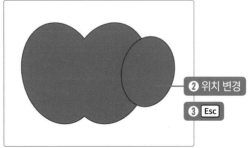

3 ▸ 도형 선택이 해제된 상태에서 왼쪽 도형을 먼저 클릭한 후 Shift를 누른 채 오른쪽 도형을 클릭합니다.

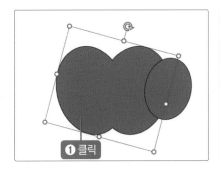
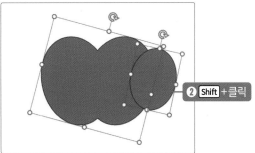

4 ▸ [도형 서식] 탭에서 [도형 병합(◎)]-**빼기**를 클릭합니다.

STEP **03** : **사과 꼭지를 만든 후 도형을 복사하여 붙여넣기**

1 ▸ **타원(◯)**을 이용하여 아래 그림처럼 두 개의 도형을 겹치게 만든 후 Shift를 눌러 왼쪽과 오른쪽 도형을 차례 대로 선택합니다.

2 ▸ [도형 서식] 탭에서 [도형 병합(◎)]-**교차**를 클릭합니다.

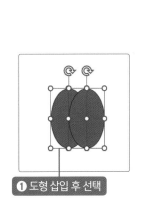
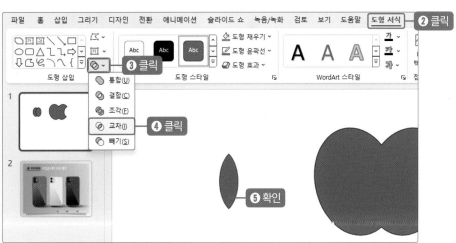

3 ▸ 도형을 선택하여 대각선 조절점(⊡)으로 크기를 조절한 후 위치를 변경합니다.

4 ▸ 회전 핸들(⟳)을 오른쪽으로 드래그하여 조금만 회전시킨 후 [Ctrl]+[A]를 누르세요.

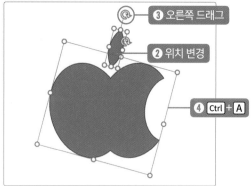

5 ▸ [도형 서식] 탭에서 [그룹화(⊞)]-**그룹**을 클릭한 후 [도형 윤곽선]-**윤곽선 없음**을 선택합니다.

6 ▸ [Shift]를 누른 채 대각선 조절점(⊡)을 드래그하여 크기를 변경합니다.

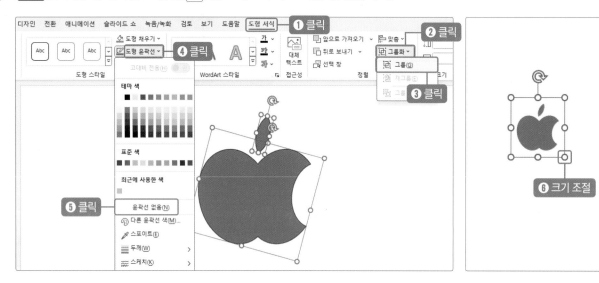

7 ▸ 완성된 로고를 복사([Ctrl]+[C])하여 **[2 슬라이드]** 핸드폰 뒤쪽에 붙여 넣은([Ctrl]+[V]) 후 [도형 서식]-**[도형 채우기]**로 색상을 변경합니다.

1 도형 병합(교차) 기능을 이용하여 아래 그림과 같은 타이어 모양을 만들어 보세요.

· 실습파일 : 06차시_연습문제_1.pptx   · 완성파일 : 06차시_연습문제_1(완성).pptx

> **작성 조건** · 도형 : 별: 꼭짓점 32개(✹)+타원(○)= ⬤

2 도형 병합(빼기) 기능을 이용하여 아래 그림과 같이 꽃 모양을 만들어 보세요.

· 실습파일 : 06차시_연습문제_2.pptx   · 완성파일 : 06차시_연습문제_2(완성).pptx

> **작성 조건** · 도형 : 타원(○)+타원(○)
> · 도형 : 하트(♡)+하트(♡)

스마트아트로 베스트 상품 홍보하기

✡ 내가 원하는 형태의 스마트아트(SmartArt)를 삽입할 수 있어요.

✡ 하위 도형을 추가할 수 있어요.

✡ 스마트아트의 색상과 스타일을 변경할 수 있어요.

✡ 스마트아트 스마트아트는 정보를 표현할 때 멋진 그래픽으로 표현하도록 도와주는 기능이에요. 스마트아트 기능을 잘 사용하면 복잡한 자료도 전문가처럼 디자인할 수 있어요.

 미리보기

실습파일 : 마린과자점.pptx, 이미지 파일   완성파일 : 마린과자점(완성).pptx

1 ▸ [07차시] 폴더에서 **마린과자점.pptx** 파일을 열고 [삽입] 탭에서 [SmartArt( )]을 클릭합니다.

2 ▸ [SmartArt 그래픽 선택] 대화상자에서 [그림]-**그림 설명형**을 선택한 후 <확인>을 클릭합니다.

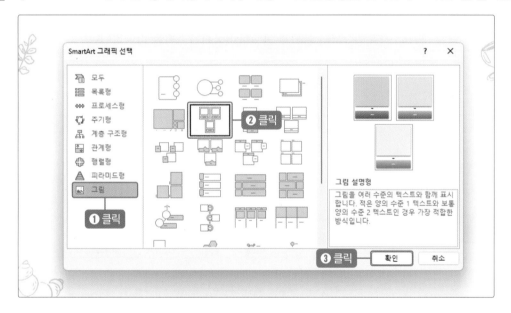

3 ▸ 스마트아트가 삽입되면 버튼을 클릭하여 왼쪽 텍스트 창을 닫으세요.

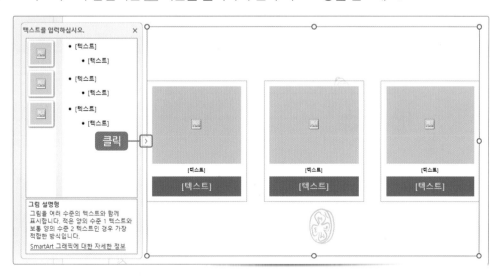

STEP 02 : 위쪽 텍스트 입력 후 도형 추가하기

1 ▶ 첫 번째 그림 설명 칸 위쪽의 [텍스트] 상자를 클릭하여 **1위**를 입력합니다.

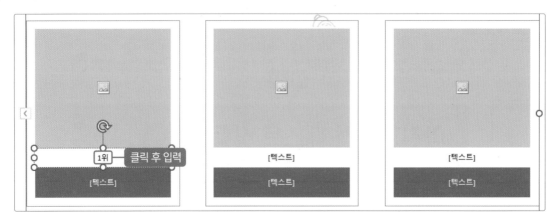

2 ▶ 두 번째와 세 번째 그림 설명 칸에도 위쪽 [텍스트] 상자를 클릭하여 **2위**와 **3위**를 입력합니다.

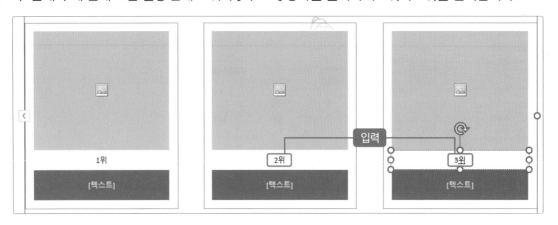

3 ▶ 스마트아트의 테두리를 클릭한 후 [SmartArt 디자인] 탭에서 [도형 추가]의 ⌄를 눌러 **뒤에 도형 추가**를 선택합니다.

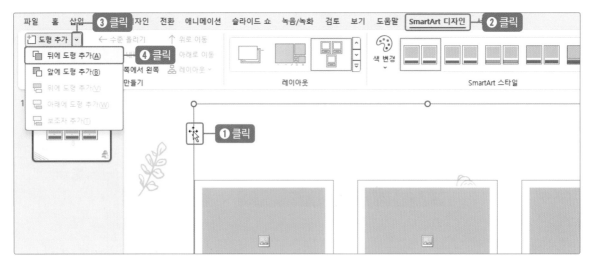

4 ▸ 도형이 추가되면 활성화된 [텍스트] 상자에 **4위**를 입력합니다. 같은 방법으로 도형 1개를 더 추가한 후 [텍스트] 상자에 **5위**를 입력해 보세요.

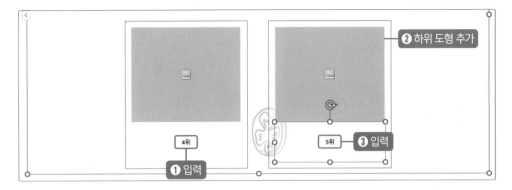

STEP 03 : 사진 추가 후 아래쪽 텍스트 입력하기

1 ▸ 첫 번째 칸 **그림(📷)** 아이콘을 클릭한 후 [그림 삽입] 대화상자에서 **파일에서**를 클릭합니다.

2 ▸ [그림 삽입] 대화상자의 [07차시] 폴더에서 **디저트_도넛**을 더블클릭합니다.

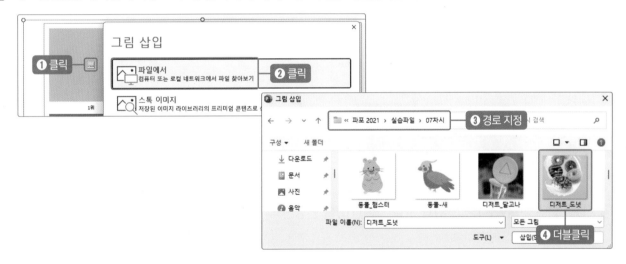

3 ▸ 같은 방법으로 나머지 모든 칸에도 그림(📷)을 삽입합니다.

4 ▶ 1위부터 3위까지 아래쪽 [텍스트] 상자를 클릭하여 음식 이름을 입력합니다.

STEP 04 : 스마트아트 스타일 및 글꼴 서식 변경하기

1 ▶ 스마트아트의 테두리를 클릭한 후 [SmartArt 디자인] 탭에서 [색 변경()]-**색상형 범위-강조색 5 또는 6(▨)**을 선택합니다.

2 ▶ 바로 옆 [SmartArt 스타일] 그룹에서 ▾를 눌러 **강한 효과(▨▨)**을 클릭합니다.

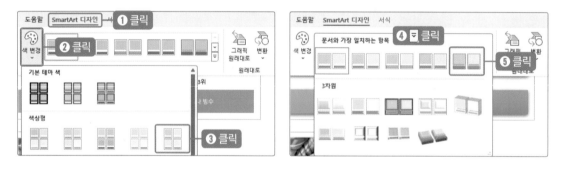

3 ▶ [홈] 탭에서 **글꼴(나눔고딕)**과 **글꼴 크기(10)**를 변경한 후 대각선 조절점(◌)을 드래그하여 크기를 변경합니다.

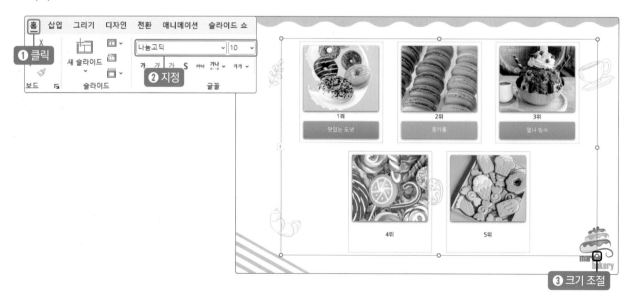

50

1 아래 그림을 참고하여 스마트아트(관계형-방사형 목록형)를 추가한 후 이미지와 내용을 삽입하고 글꼴 서식을 지정해 보세요.

· 실습파일 : 07차시_연습문제_1.pptx　·완성파일 : 07차시_연습문제_1(완성).pptx

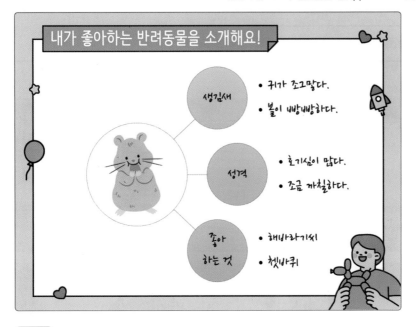

작성
조건　· 색 변경(색상형 범위-강조색 5 또는 6) → 스타일(미세 효과)

2 아래 그림을 참고하여 스마트아트(주기형-기본 주기형)를 추가한 후 내용을 입력하고 글꼴 서식을 지정해 보세요.

· 실습파일 : 07차시_연습문제_2.pptx　·완성파일 : 07차시_연습문제_2(완성).pptx

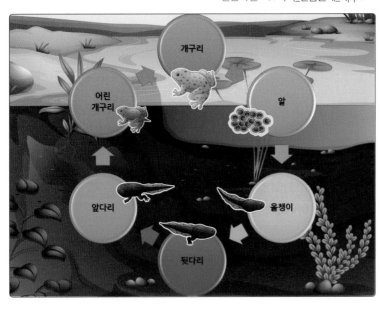

작성
조건　· 도형 추가 → 색 변경(색상형 강조색) → 스타일(3차원 경사)

칠교놀이 대회

✄ 칠교놀이는 큰 정사각형을 직각 이등변 삼각형과 정사각형, 평행 사변형의 7개의 조각으로 나눠서 여러 가지 형태를 만드는 놀이에요. 먼저 7개의 칠교 조각들을 만든 후에 하트, 여우, 물음표 모양을 하나씩 만들어 볼까요?

미리보기　　실습파일 : 칠교놀이.pptx　　완성파일 : 칠교놀이(완성).pptx

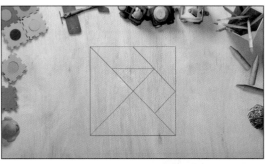
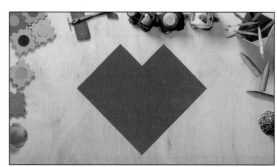

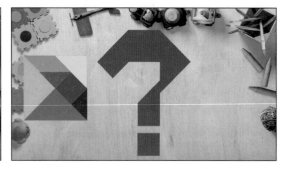

놀이 방법

① [1 슬라이드]에 [도형]-[기본 도형] 범주의 이등변 삼각형, 다이아몬드, 평행 사변형 도형을 삽입하세요.

② 이등변 삼각형은 4개를 더 복제하세요.

③ 각 도형의 채우기 색을 변경하고 윤곽선을 없음으로 지정하세요.

④ 도형의 크기를 조절하고 회전시켜서 칠교판에 맞도록 배치하세요.

⑤ [2~3 슬라이드]의 하트, 여우는 [1 슬라이드]의 칠교 조각을 복사하여 붙여넣은 후 완성해 보세요.

⑥ [4 슬라이드]는 제공된 칠교 조각을 이용하여 완성해 보세요.

1▸ [08차시] 폴더에서 **칠교놀이.pptx** 파일을 열고 [1 슬라이드]를 선택합니다.

2▸ [삽입] 탭에서 [도형(🔘)]-[기본 도형]-**이등변 삼각형(△)**을 클릭합니다.

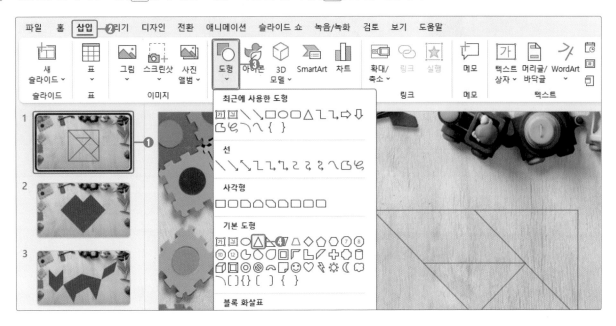

3▸ 삼각형 모양에 맞게 드래그한 후 조절점(🔘)으로 크기를 조절합니다. 이어서, [도형 채우기]를 **주황**으로 변경한 후 [도형 윤곽선]을 **윤곽선 없음**으로 지정합니다.

4▸ Shift 를 누른 채 회전 핸들(🔄) 드래그하여 도형을 회전시킨 후 크기와 위치를 변경합니다.

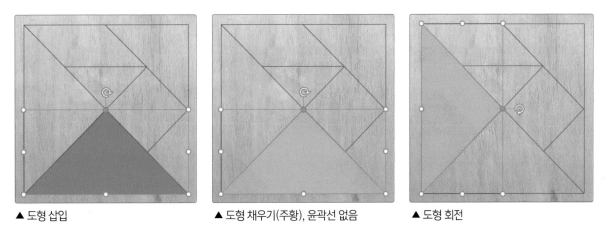

▲ 도형 삽입　　　　　　　　▲ 도형 채우기(주황), 윤곽선 없음　　　　　　　　▲ 도형 회전

5 ▸ 똑같은 방법으로 다음과 같이 **이등변 삼각형, 다이아몬드, 평행 사변형 도형**을 삽입한 후 크기와 위치를 변경합니다.

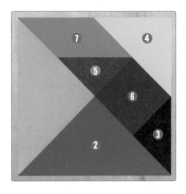

구분	도형	도형 채우기	도형 윤곽선
❷	[기본 도형]-[이등변 삼각형]	파랑	
❸	[기본 도형]-[이등변 삼각형]	진한 파랑	
❹	[기본 도형]-[이등변 삼각형]	노랑	없음
❺	[기본 도형]-[이등변 삼각형]	빨강	
❻	[기본 도형]-[다이아몬드]	자주	
❼	[기본 도형]-[평행 사변형]	녹색	

LEVEL UP! 평행 사변형 도형 그리기

❶ [기본 도형]-[평행 사변형(▱)]을 선택한 후 드래그하여 평행 사변형을 그리세요.

❷ 노란색 조절점(◐)을 오른쪽으로 드래그하여 뾰족하게 만드세요.

❸ [도형 서식] 탭에서 [회전(▧)]-[좌우 대칭]을 클릭해 주세요.

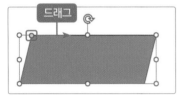 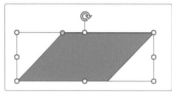 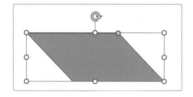

STEP 02 : **칠교놀이 활동**

1 ▸ [1 슬라이드]의 조각들을 모두 선택하고 Ctrl+C를 눌러 복사한 후 [2 슬라이드]에 Ctrl+V를 눌러 붙여 넣은 후 **하트** 모양을 만들어 보세요.

2 ▸ **[1 슬라이드]**의 조각들을 모두 선택하고 Ctrl+C를 눌러 복사한 후 **[3 슬라이드]**에 Ctrl+V를 눌러 붙여 넣은 후 **여우** 모양을 만들어 보세요.

3 ▸ **[4 슬라이드]**는 물음표 모양에 맞게 크기를 축소한 조각들을 이용하여 **물음표** 모양을 만들어 보세요.

#표 #표 스타일 #셀 병합

표를 이용하여 마린 마켓 만들기

※ 표를 삽입하여 내용을 입력할 수 있어요.

※ 표 스타일을 지정할 수 있어요.

※ 내용을 정렬하고 셀을 병합할 수 있어요.

※ **표 삽입** 자료들이 정리되지 않고 뒤죽박죽 섞여 있다면 표를 이용하여 깔끔하게 정리할 수 있어요. 파워포인트에서는 원하는 크기로 표를 삽입하고 다양한 표 스타일을 지정하여 깔끔하게 정리할 수 있어요.

미리보기   실습파일 : 마린마트.pptx, 이미지 파일   완성파일 : 마린마트(완성).pptx

STEP 01 : 표를 삽입한 후 스타일 변경하기

1 ▸ [09차시] 폴더에서 **마린마트.pptx** 파일을 열고 [삽입] 탭에서 [표(▦)]-**표 삽입**을 클릭합니다.

2 ▸ [표 삽입] 대화상자에서 **열 개수(12)**와 **행 개수(8)**를 입력한 후 <확인>을 클릭합니다.

3 ▸ 표가 삽입되면 [테이블 디자인] 탭의 [표 스타일] 그룹에서 ▾를 눌러 중간-**보통 스타일 4-강조 3(▦)**을 클릭합니다.

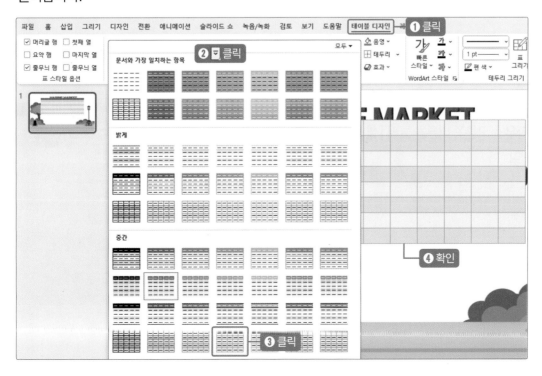

1▸ 표의 바깥쪽 테두리를 드래그하여 위치를 이동시키세요.

2▸ 표 아래쪽 가운데 조절점(⊙)을 드래그하여 세로 크기를 변경한 후 가로 크기도 변경합니다.

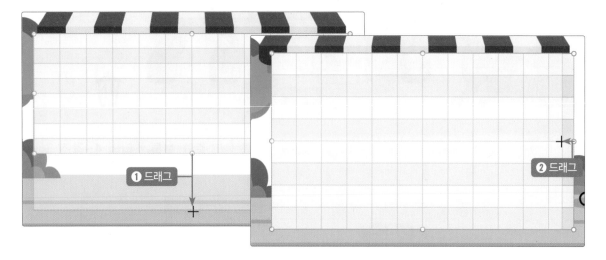

3▸ 그림처럼 마우스를 드래그하여 셀을 블록으로 지정한 후 마우스 오른쪽 버튼을 눌러 [셀 병합]을 클릭합니다.

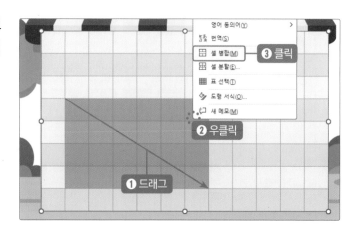

4 ▸ 우측 셀들도 블록으로 지정한 후 마우스 오른쪽 버튼을 눌러 **[셀 병합]**을 클릭합니다.

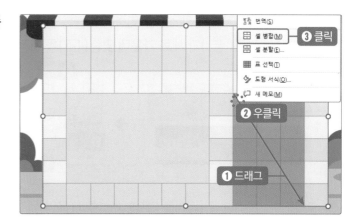

STEP 03 : 셀 안에 그림 삽입 후 텍스트 서식 변경하기

1 ▸ 병합된 왼쪽 셀을 클릭한 후 [테이블 디자인] 탭에서 [음영]-**그림**을 선택합니다. 이어서, [그림 삽입] 대화상자에서 **파일에서**를 클릭합니다.

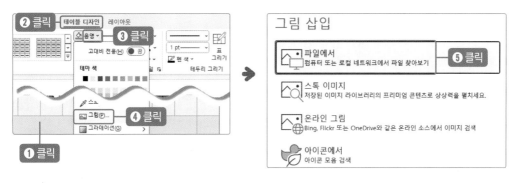

2 ▸ [그림 삽입] 대화상자의 [09차시] 폴더에서 **상가_창문**을 더블클릭합니다. 똑같은 방법으로 병합된 오른쪽 셀에도 **상가_문** 그림을 삽입합니다.

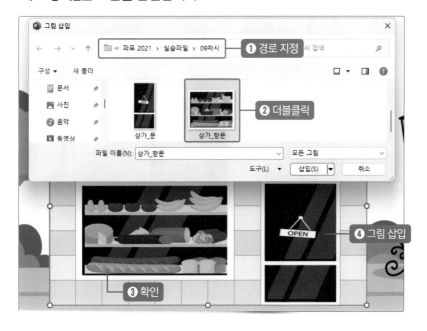

3 ▶ 상가 창문 그림 위쪽에 텍스트를 입력하여 블록으로 지정한 후 [홈] 탭에서 **글꼴 크기(12)**와 [레이아웃] 탭에서 **가운데 맞춤(☰)**과 **세로 가운데 맞춤(☰)**을 지정합니다.

4 ▶ **과일** 셀을 클릭한 후 [테이블 디자인] 탭에서 [음영]을 클릭하여 색(■)을 선택합니다.

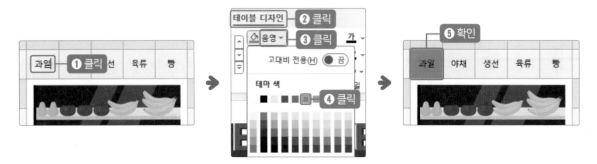

5 ▶ 나머지 글자들도 똑같은 방법으로 셀에 색을 채운 후 표의 바깥쪽 테두리를 클릭합니다. 이어서, [레이아웃] 탭에서 **뒤로 보내기(⬚)**를 클릭합니다.

1 표(열4, 행6)와 워드아트를 이용하여 메뉴 소개 슬라이드를 작성해 보세요.

· 실습파일 : 09차시_연습문제_1.pptx, 이미지 파일 · 완성파일 : 09차시_연습문제_1(완성).pptx

작성조건
· 표 스타일(밝은 스타일 3-강조 3) → 셀 병합 → 1행 높이 변경(아래쪽 선을 드래그)
· 표 내용 정렬 → 그림 삽입

2 표(열2, 행5)와 3D 모델을 이용하여 우주여행 슬라이드를 작성해 보세요.

· 실습파일 : 09차시_연습문제_2.pptx · 완성파일 : 09차시_연습문제_2(완성).pptx

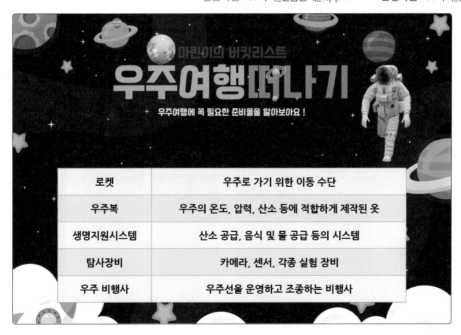

로켓	우주로 가기 위한 이동 수단
우주복	우주의 온도, 압력, 산소 등에 적합하게 제작된 옷
생명지원시스템	산소 공급, 음식 및 물 공급 등의 시스템
탐사장비	카메라, 센서, 각종 실험 장비
우주 비행사	우주선을 운영하고 조종하는 비행사

작성조건
· 표 스타일(보통 스타일 4-강조 4) → 1열 너비 변경(1열 오른쪽 선을 드래그)
  표 내용 정렬 · 3D 모델(Space) 추가

차트로 기분에 따른 표정 변화 알아보기

학습목표

※ 여러 가지 차트 종류 중에서 필요한 차트를 삽입할 수 있어요.

※ 차트 디자인 및 요소 등을 변경할 수 있어요.

※ 차트 막대에 그림을 채울 수 있어요.

※ **차트 삽입** 차트(chart)는 표의 내용을 그림으로 나타낸 것으로 그래프(graph)라고도 해요. 표의 내용을 데이터로 사용하여 차트를 만들면 전체적인 내용을 한눈에 알아볼 수 있기 때문에 편리해요.

미리보기 실습파일 : 표정 변화.pptx, 이미지 파일   완성파일 : 표정 변화(완성).pptx

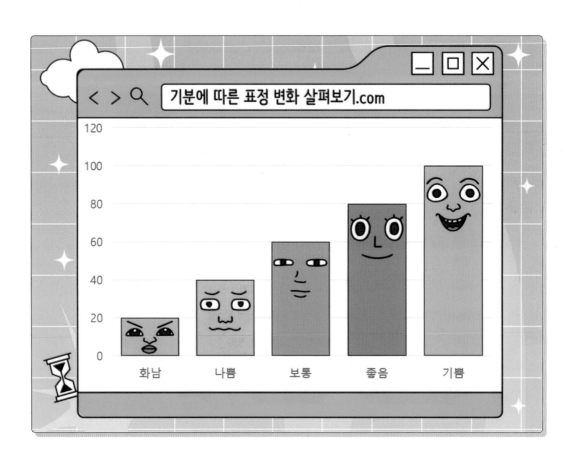

STEP 01 : 차트를 삽입한 후 데이터 입력하기

1 ▸ [10차시] 폴더에서 **표정 변화.pptx** 파일을 열고 [삽입] 탭에서 [**차트(📊)**]를 클릭합니다.

2 ▸ [차트 삽입] 대화상자에서 [세로 막대형]−**묶은 세로 막대형**을 선택한 후 <확인>을 누르세요.

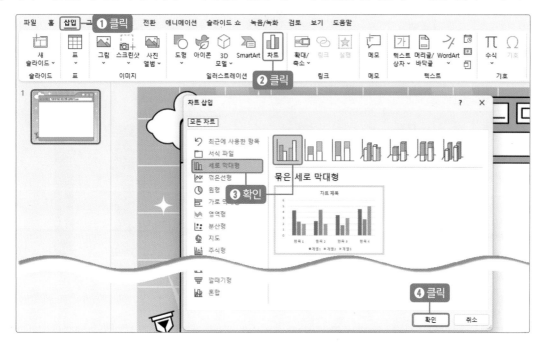

3 ▸ 엑셀 창이 나타나면 데이터를 입력하고 [C]열과 [D]열의 열 머리글을 드래그한 후 마우스 오른쪽 버튼을 눌러 [**삭제**]를 클릭합니다.

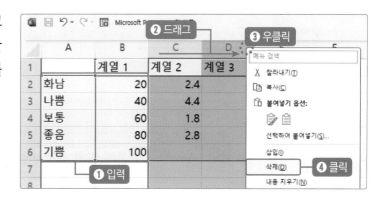

4 ▸ 기본 차트가 만들어지면 엑셀 창의 닫기 (☒) 버튼을 누르세요.

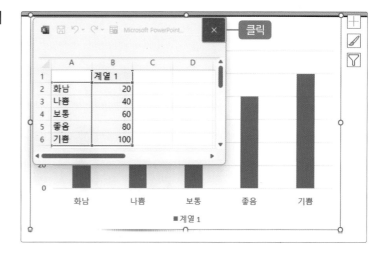

STEP 02 : 차트 요소 삭제 및 서식 지정하기

1▸ 차트 제목(계열 1)을 클릭한 후 Delete를 눌러 삭제합니다. 이어서, 아래쪽 범례(■계열 1)도 같은 방법으로 삭제합니다.

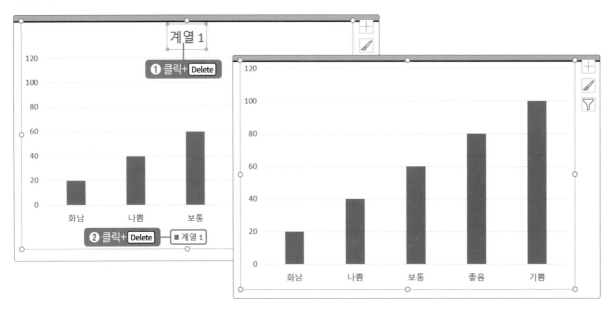

2▸ 차트 바깥쪽 테두리를 클릭한 후 [홈] 탭에서 **글꼴(맑은 고딕)**과 **글꼴 크기(16)**를 지정하고 조절점(○)으로 크기를 변경합니다.

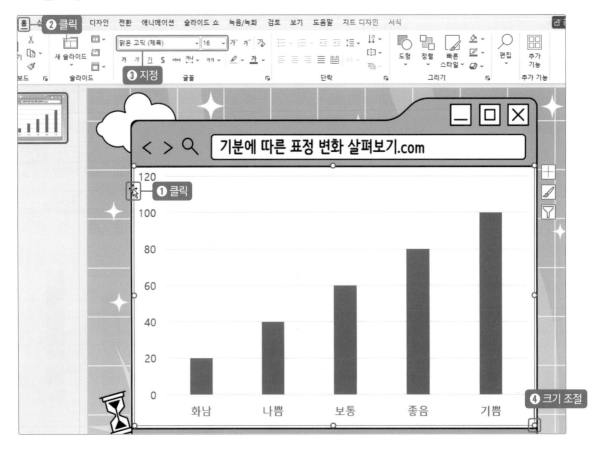

3 ▸ 화남 막대 위에서 마우스 오른쪽 버튼을 눌러 **[데이터 계열 서식]**을 클릭합니다.

4 ▸ 화면 오른쪽에 [데이터 계열 서식] 작업 창이 나오면 간격 너비를 **30**으로 입력합니다.

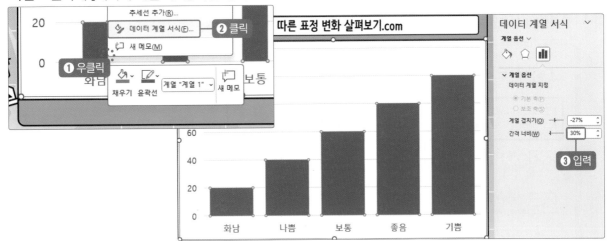

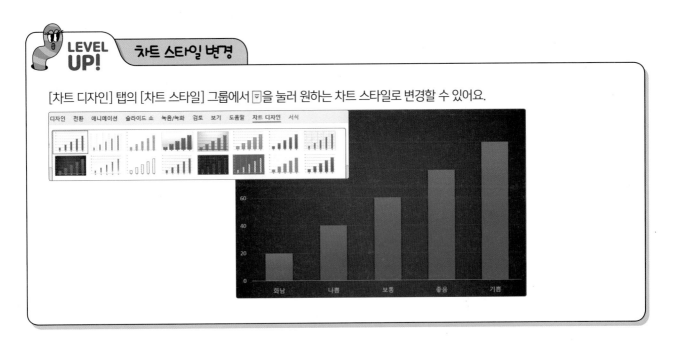

LEVEL UP! 차트 스타일 변경

[차트 디자인] 탭의 [차트 스타일] 그룹에서 ⊡을 눌러 원하는 차트 스타일로 변경할 수 있어요.

STEP 03 : 막대를 그림으로 채우기

1 ▸ 전체 막대가 선택된 상태에서 **화남 막대**를 클릭하여 해당 요소만 선택합니다. 이어서, 마우스 오른쪽 버튼을 눌러 **[데이터 요소 서식]**을 클릭합니다.

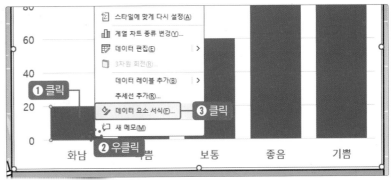

2 ▸ 화면 오른쪽 [데이터 요소 서식] 작업 창에서 [채우기 및 선(⬧)]-[**그림 또는 질감 채우기**]를 선택한 후 **<삽입>**을 클릭합니다.

3 ▸ [그림 삽입] 대화상자에서 **파일에서**를 클릭합니다.

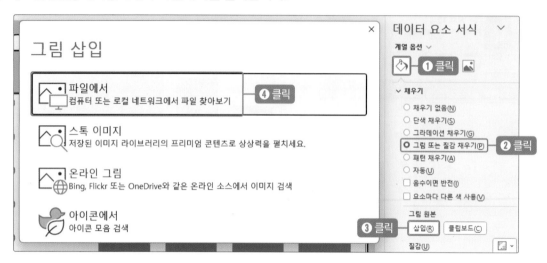

4 ▸ [그림 삽입] 대화상자의 [10차시] 폴더에서 **화남**을 더블클릭합니다.

5 ▸ 똑같은 방법으로 나머지 막대에도 각각의 그림으로 채워주세요.

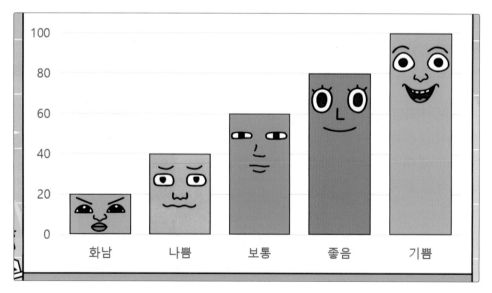

1 가로 막대형 차트를 이용하여 맞춤법에 관련된 슬라이드를 작성해 보세요.

· 실습파일 : 10차시_연습문제_1.pptx   · 완성파일 : 10차시_연습문제_1(완성).pptx

	A	B
1		계열 1
2	어느세 / 어느새	90
3	겨땀 / 곁땀	30
4	금새 / 금세	60
5	몇일 / 며칠	50
6	건들이다 / 건드리다	50

작성조건 · 차트 스타일(스타일 4) → 차트 요소 삭제 → 글꼴 서식 변경

2 꺽은선형 차트를 이용하여 기온 변화에 관련된 슬라이드를 작성해 보세요.

· 실습파일 : 10차시_연습문제_2.pptx   · 완성파일 : 10차시_연습문제_2(완성).pptx

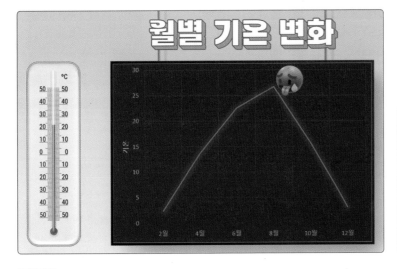

	A	B	C
1		계열 1	
2	2월	2.4	
3	4월	13.7	
4	6월	22.5	
5	8월	26.7	
6	10월	15.6	
7	12월	3.1	

작성조건 · 차트 스타일(스타일 9) → 차트 요소 삭제 → 축 제목([차트 디자인]-[차트 요소 추가]-[축 제목]-[기본 세로]) → 3D 모델(Emoji) 추가

#그림 #그림 스타일 #그림 효과 #그리기

그림을 삽입하여 캐릭터 만들기

학습목표

- PC에 저장된 그림을 삽입하여 원하는 부분만 잘라낼 수 있어요.
- 웹 사이트에서 필요한 이미지를 검색한 후 복사하여 붙여넣을 수 있어요.
- 그림에 다양한 그림 스타일을 지정할 수 있으며, 그리기 기능으로 그림을 그릴 수 있어요.

그림 컴퓨터에 저장된 그림뿐만 아니라 인터넷의 그림을 슬라이드에 삽입할 수 있어요. 삽입된 그림은 그림 스타일을 지정하여 예쁘게 꾸밀 수 있어요.

미리보기

실습파일 : 캐릭터 만들기.pptx, 이미지 파일   완성파일 : 캐릭터 만들기(완성).pptx

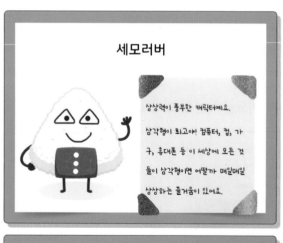

세모러버

상상력이 풍부한 캐릭터예요. 삼각형이 최고야! 컴퓨터, 컵, 가구, 휴대폰 등 이 세상에 모든 것들이 삼각형이면 어떨까 매일매일 상상하는 즐거움이 있어요.

마요똥

화가 많은 캐릭터예요. 똥과 비슷한 생김새 때문에 처음 만나는 사람들에게 놀림을 받아요. 사실 이 친구는 다양한 요리에 도움을 주는 마요네즈랍니다.

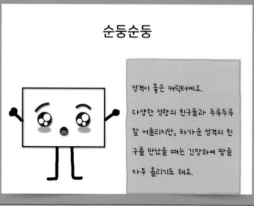

순둥순둥

성격이 좋은 캐릭터예요. 다양한 성향의 친구들과 두루두루 잘 어울리지만, 화가운 성격의 친구를 만났을 때는 긴장하여 땀을 자주 흘리기도 해요.

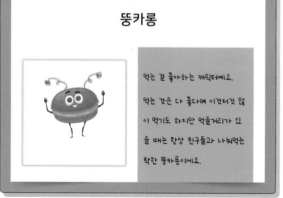

뚱카롱

먹는 걸 좋아하는 캐릭터예요. 먹는 것은 다 좋다며 이것저것 많이 먹기도 하지만 먹을거리가 있을 때는 항상 친구들과 나눠먹는 착한 뚱카롱이에요.

1 ▸ [11차시] 폴더에서 **캐릭터 만들기.pptx** 파일을 열고 **[3 슬라이드]**를 선택합니다.

2 ▸ [삽입] 탭에서 [그림()]-**이 디바이스**를 클릭한 후 [그림 삽입] 대화상자의 [11차시] 폴더에서 **표정**을 더블 클릭합니다.

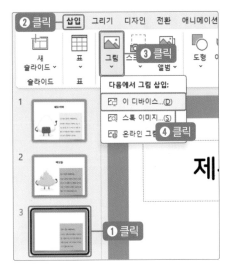 

3 ▸ 그림이 삽입되면 [그림 서식] 탭에서 **[자르기(⊐)]**를 클릭합니다.

4 ▸ 그림 테두리에 자르기 선(⌐)이 나오면 원하는 이미지에 맞추어 드래그한 후 Esc 를 누르세요.

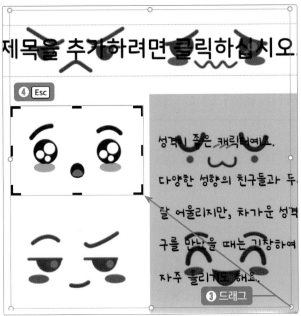 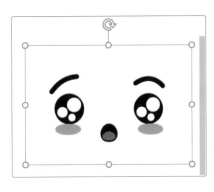

5 ▸ 그림의 위치를 변경한 후 [그림 서식] 탭의 [그림 스타일] 그룹에서 ⏷를 눌러 **단순형 프레임-검정**을 클릭합니다.

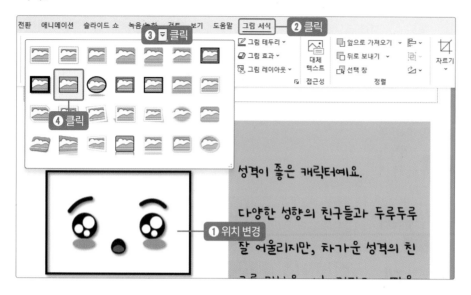

6 ▸ 제목 텍스트 상자를 클릭하여 **캐릭터 이름(순둥순둥)**을 입력합니다.

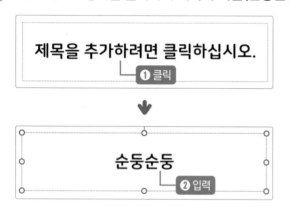

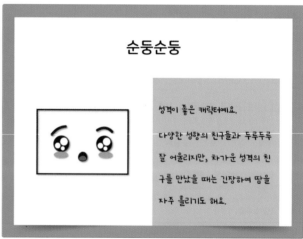

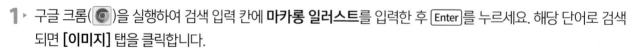

1 ▸ 구글 크롬(⬤)을 실행하여 검색 입력 칸에 **마카롱 일러스트**를 입력한 후 Enter를 누르세요. 해당 단어로 검색되면 **[이미지]** 탭을 클릭합니다.

2 ▸ 원하는 이미지 위에서 마우스 오른쪽 버튼을 눌러 **[이미지 복사]**를 클릭합니다.

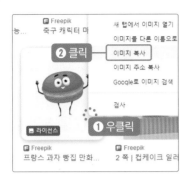
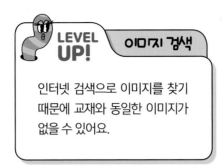

3 ▸ **[4 슬라이드]**를 선택하여 Ctrl+V를 눌러 붙여넣은 후 크기와 위치를 변경합니다.

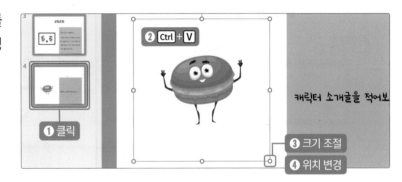

4 ▸ [그림 서식] 탭에서 [그림 효과(🔲)]-[네온]-**네온: 8pt, 주황, 강조색2**를 클릭합니다.

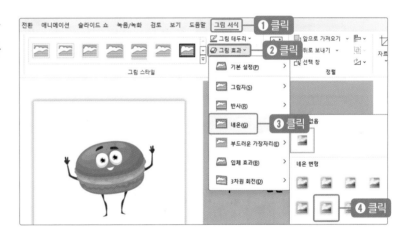

5 ▸ 제목에 캐릭터 **이름(뚱카롱)**을 입력한 후 캐릭터 소개 **내용**을 입력합니다.

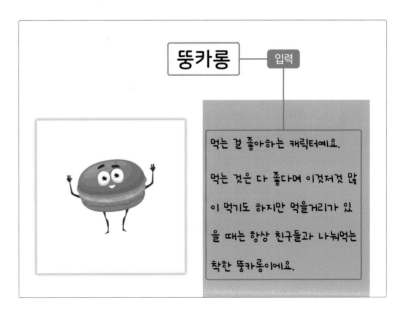

STEP 03 : 그리기 기능을 이용하여 캐릭터 꾸미기

1 ▶ **[1 슬라이드]**를 선택한 후 [그리기] 탭을 클릭합니다. 이어서, [그리기 도구] 그룹에서 펜을 선택한 후 **두께와 색**을 지정합니다.

2 ▶ 마우스 왼쪽 버튼을 누른 채 드래그하여 **눈과 입**을 그리세요. 그림을 그리다가 틀리면 Ctrl + Z 를 눌러 취소한 후 다시 그려보세요.

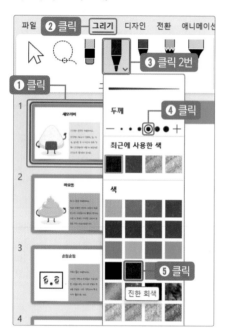

3 ▶ 펜의 두께를 변경하여 **눈동자**를 그린 후 색을 **흰색**으로 변경하여 **단추**를 그리세요.

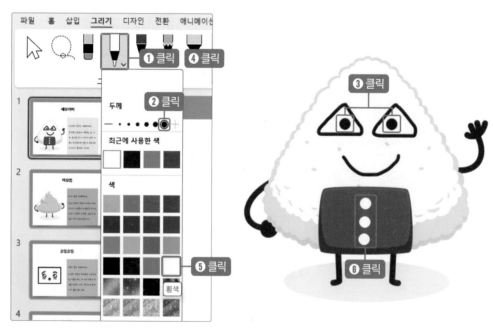

4 ▶ 펜의 색을 **무지개**로 변경한 후 캐릭터 소개 내용 모서리를 색칠해 보세요.

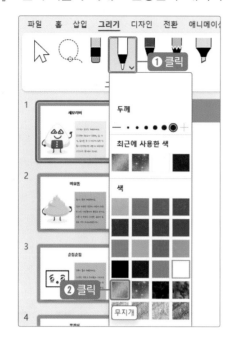

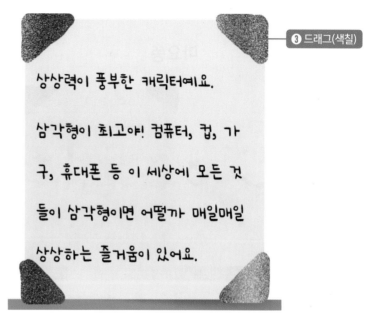

❸ 드래그(색칠)

잉크 리플레이

잉크 리플레이는 그리기 작업 과정을 동영상으로 볼 수 있는 기능이에요. [그리기] 탭에서 [잉크 리플레이(⟳)]를 클릭하여 [1 슬라이드]에서 작업한 그리기 과정을 확인해 보세요.

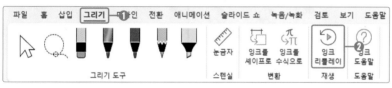

5 ▸ 똑같은 방법으로 [2 슬라이드]부터 [4 슬라이드]까지 그리기 기능으로 꾸민 후 파일을 **저장(🖫)**합니다.

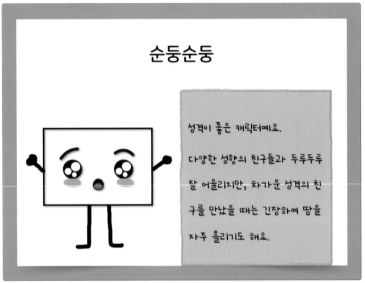

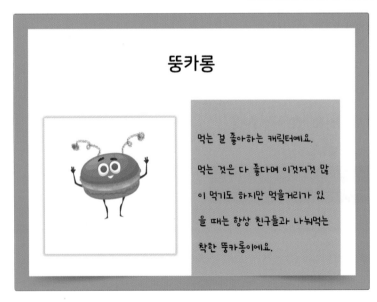

1 아래 그림을 참고하여 동물 관련 아이콘을 추가한 후 색, 크기, 위치 등을 변경해 보세요.

· 실습파일 : 11차시_연습문제_1.pptx　　· 완성파일 : 11차시_연습문제_1(완성).pptx

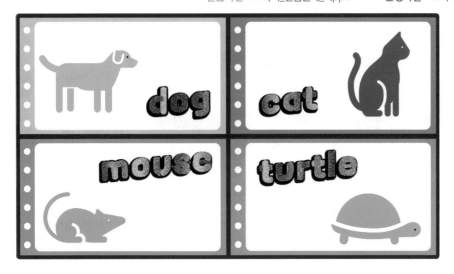

작성
조건
· 아이콘 추가(동물 이름으로 검색) → 그림 삽입(동물 이름) → 그림 자르기
· 그리기 도구를 이용하여 동물의 눈과 이름 꾸미기

2 아래 그림을 참고하여 놀이기구 안내 슬라이드를 작성해 보세요.

· 실습파일 : 11차시_연습문제_2.pptx　　· 완성파일 : 11차시_연습문제_2(완성).pptx

작성
조건
· 그림 추가(놀이기구) → 그림 자르기 → 그림 스타일
· 온라인 그림으로 롤러코스터 삽입([삽입]-[그림]-[온라인 그림])
· 인터넷에서 자이로드롭 그림을 복사한 후 붙여넣기

그림 편집으로 러시아 인형 만들기

☆ 그림의 배경을 제거하고 자르기하여 그룹화할 수 있어요.

☆ 그림을 복제하여 크기를 변경하고 색을 변경할 수 있어요.

☆ 그림을 정렬하고 순서를 변경할 수 있어요.

☆ 그림 편집 파워포인트 2021에서는 다양한 그림 편집 기능을 제공해요. 그래픽 프로그램이 없어도 배경 제거, 선명도 조절, 밝기/대비, 다시 칠하기, 꾸밈 효과, 투명도 등의 작업을 할 수 있어요.

 미리보기   실습파일 : 러시아 인형.pptx, 이미지 파일   완성파일 : 러시아 인형(완성).pptx

STEP 01 : 그림 삽입하여 배경 제거하기

1 ▸ [11차시] 폴더에서 **러시아 인형.pptx** 파일을 열고 [삽입] 탭에서 [그림(🖼)]-**이 디바이스**를 클릭합니다.

2 ▸ [그림 삽입] 대화상자의 [12차시] 폴더에서 **러시아 인형**을 더블클릭합니다.

3 ▸ 그림이 삽입되면 [그림 서식] 탭에서 **[배경제거(🖼)]**를 클릭합니다. 배경 제거 화면으로 전환되면 [배경 제거] 탭에서 **[보관할 영역 표시(⊕)]**를 클릭합니다.

4 ▸ 마우스 포인터가 연필 모양(✏)으로 변경되면 러시아 인형에서 보라색 또는 분홍색으로 된 부분을 모두 드래 그한 후 [Esc]를 누르세요. 단, 보관할 영역 추가시 기존에 없었던 영역이 추가될 수 있어요.

STEP 02 : 인형을 반으로 나누기

1 ▸ [그림 서식] 탭에서 **[자르기(⊿)]**를 클릭합니다. 그림 테두리에 자르기 선(⌐)이 나오면 인형 크기에 맞추어 드래그한 후 **Esc**를 누르세요.

2 ▸ **Ctrl**+**Shift**를 누른 채 드래그하여 인형을 복제합니다.

3 ▸ [그림 서식] 탭에서 **[자르기(⊿)]**를 클릭하여 왼쪽 인형은 **몸통 부분**, 오른쪽 인형은 **하체 부분**만 보이게 자른 후 오른쪽 그림을 왼쪽으로 드래그하여 위치를 맞추세요.

4 ▸ **Shift**를 누른 채 위쪽 인형을 선택한 후 마우스 오른쪽 버튼을 눌러 **[그룹화]-[그룹]**을 클릭합니다.

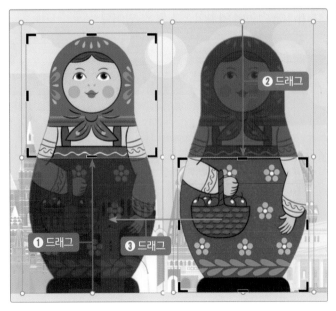

STEP 03 : 인형을 복제하여 색 변경하기

1 ▸ 인형의 위치를 왼쪽으로 변경한 후 `Ctrl`+`Shift`를 누른 채 드래그하여 복제합니다. 복제된 인형은 조절점(⬚)을 드래그하여 크기를 작게 만드세요.

2 ▸ 같은 방법으로 크기가 점점 작아지도록 인형을 3개 더 복제합니다.

3 ▸ 두 번째 인형을 선택한 후 [그림 서식] 탭에서 [색(🖼)]-**파랑, 어두운 강조색 1**로 변경합니다.

4 ▸ 같은 방법으로 3~5번째 인형도 아래 그림을 참고하여 색을 변경합니다.

STEP 04 : 러시아 인형 가지고 놀기

1 ▸ Ctrl + A 를 눌러 모든 인형을 선택한 후 [그림 서식] 탭에서 [맞춤(🔲)]-**가운데 맞춤**을 클릭합니다.

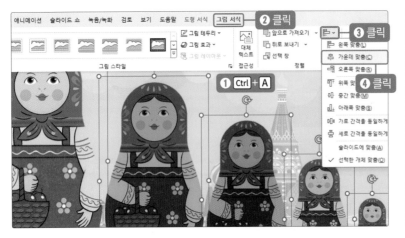

2 ▸ Esc 를 눌러 선택을 해제한 후 **두 번째 인형** 위에서 마우스 오른쪽 버튼을 눌러 [**맨 뒤로 보내기**]를 클릭합니다. 똑같은 방법으로 3~5번째 그림도 순서대로 맨 뒤로 보내세요.

3 ▸ 인형 위에서 마우스 오른쪽 버튼을 눌러 [그룹화]-[**그룹 해제**]를 클릭한 후 인형을 하나씩 옮겨 보세요.

1 배경 제거 기능을 이용하여 아래 그림과 같이 이미지를 합성해 보세요.

· 실습파일 : 12차시_연습문제_1.pptx, 이미지 파일 ・ 완성파일 : 12차시_연습문제_1(완성).pptx

작성 조건

· 그림 추가(내 얼굴) 후 배경 제거 → 자르기 → 색 변경 →
  맨 뒤로 보내기
· 배경 제거 시 특정 부분을 배경으로 포함시킬 때는 제거할
  영역 표시(✏️)를 선택한 후 해당 영역을 드래그하세요.

📣 내가 좋아하는 연예인 사진으로도 변경해 보세요.

2 그림 배경을 투명하게 지정하여 맛있는 초밥 세트를 만들어 보세요.

· 실습파일 : 12차시_연습문제_2.pptx, 이미지 파일 ・ 완성파일 : 12차시_연습문제_2(완성).pptx

작성 조건 · 그림 추가(일식1~일식10) → 그림 자르기
· 배경 투명하게([그림 서식]-[색]-[투명한 색 설정] → 파란 배경 클릭)

사진 앨범으로 아기 동물 앨범 만들기

학습목표

❀ 사진 앨범에 들어갈 사진을 선택하고 순서를 변경할 수 있어요.
❀ 사진 앨범에 그림 레이아웃과 프레임 모양을 지정할 수 있어요.
❀ 사진 앨범에 배경 음악을 삽입할 수 있어요.

사진 앨범 아름다운 추억이 담긴 사진 앨범은 오래되면 닳거나 잃어버릴 수도 있어요. 파워포인트의 사진 앨범 기능을 이용하면 추억이 담긴 사진을 쉽고 빠르게 디지털 앨범으로 만들 수 있어요.

미리보기   실습파일 : 이미지 파일   완성파일 : 아기 동물 앨범(완성).pptx

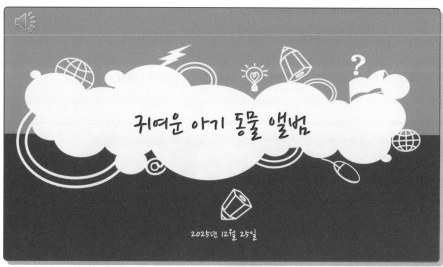

STEP 01 : 사진 앨범 만들기

1 ▸ 파워포인트 2021을 실행한 후 **[새 프레젠테이션]**을 클릭합니다.

2 ▸ 빈 파일이 열리면 [삽입] 탭의 **[사진 앨범(🖼)]**을 선택한 후 [사진 앨범] 대화상자에서 **<파일/디스크>**를 클릭합니다.

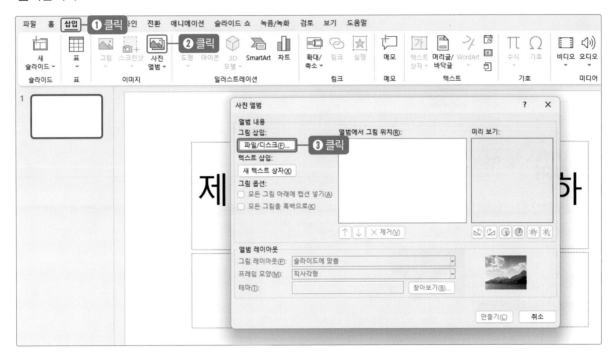

3 ▸ [새 그림 삽입] 대화상자에서 [13차시]–**[동물]** 폴더를 선택한 후 Ctrl + A 를 누르세요. 모든 그림이 선택되면 <삽입>을 클릭합니다.

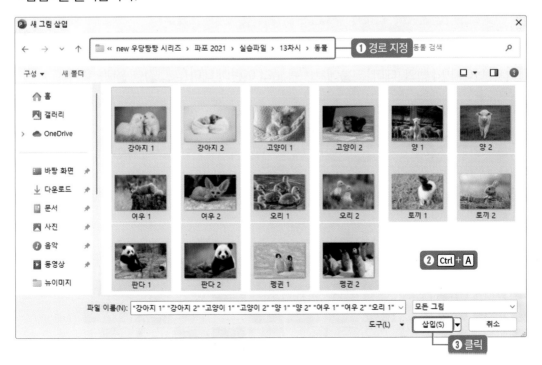

4 ▶ [사진 앨범] 대화상자에서 **그림 레이아웃(제목을 가진 그림 2개)**과 **프레임 모양(단순형 프레임, 검정)**을 변경한 후 <만들기>를 클릭합니다.

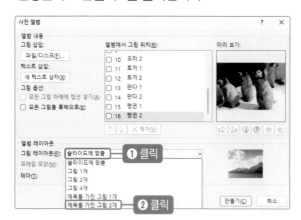 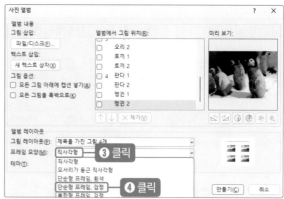

LEVEL UP! 앨범 그림 위치 변경하기

[사진 앨범]에서 그림의 위치를 변경할 그림을 선택한 후 위로(↑) 또는 아래(↓) 버튼을 눌러 위치를 변경할 수 있어요.

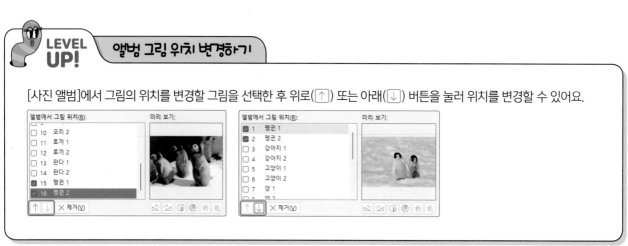

STEP 02 : 사진 앨범에 테마 적용 후 제목 입력하기

1 ▶ 앨범이 만들어지면 [디자인] 탭의 [테마] 그룹에서 ▽를 눌러 **어린이 테마()**를 선택합니다.

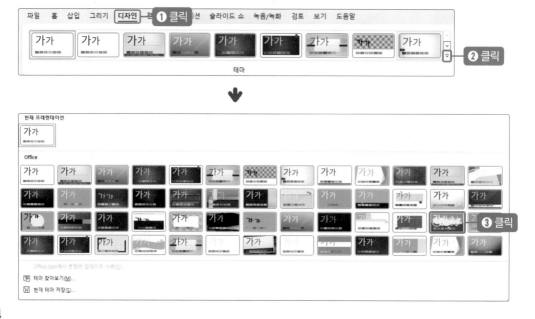

2 ▸ [1슬라이드]의 제목(사진 앨범)을 블록으로 지정하여 **귀여운 아기 동물 앨범**으로 입력한 후 Esc 를 누르세요. [홈] 탭에서 **글꼴(나눔손글씨 펜)**과 **글꼴 크기(66)**를 변경합니다.

3 ▸ 부제목을 블록으로 지정하여 오늘 날짜를 입력한 후 Esc 를 누르세요. [홈] 탭에서 **글꼴(나눔손글씨 펜)**과 **글꼴 크기(28)**를 변경합니다.

4 ▸ [2~9 슬라이드]의 제목을 클릭하여 내용을 입력한 후 [홈] 탭에서 **글꼴(나눔손글씨 펜)**과 **글꼴 크기(54)**를 변경합니다.

- [3 슬라이드] : 너무나 귀여운 아기 냥이..
- [4 슬라이드] : 음메메메 엄마 찾는 아기 양~
- [5 슬라이드] : 귀가 쫑긋한 아기 여우
- [6 슬라이드] : 솜털이 뽀송한 아기 오리
- [7 슬라이드] : 눈이 초롱초롱한 아기 토끼
- [8 슬라이드] : 먹보 대장 아기 판다
- [9 슬라이드] : 뒤뚱뒤뚱 아기 펭귄

▲ [2 슬라이드]

STEP 03 : 배경 음악 삽입하기

1 ▸ **[1 슬라이드]**를 선택한 후 [삽입] 탭에서 [오디오(◁)))]−**내 PC의 오디오**를 클릭합니다.

2 ▸ [오디오 삽입] 대화상자의 [13차시]−[동물] 폴더에서 **동물 배경음악**을 더블클릭합니다.

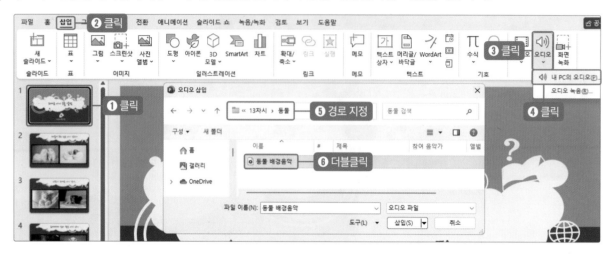

3 ▸ 오디오 아이콘을 드래그하여 위치를 변경한 후 [재생] 탭에서 **시작(자동 실행)**과 **모든 슬라이드에서 재생**을 지정합니다.

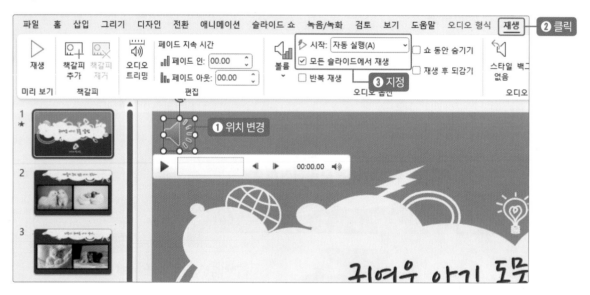

4 ▸ 모든 작업이 끝나면 [슬라이드 쇼] 탭에서 **[처음부터(▷)]**를 클릭하거나 F5를 눌러 사진 앨범을 확인해 보세요.

1 사진 앨범 기능을 이용하여 틀린 그림 찾기를 작성해 보세요.

• 실습파일 : 이미지 파일　　• 완성파일 : 13차시_연습문제_1(완성).pptx

> **작성조건**
> • 앨범 이미지([틀린그림]) → 그림 레이아웃(제목을 가진 그림 2개) → 프레임 모양(사각형 가운데 그림자)
> • 테마(갤러리) → 텍스트 입력 → 배경음악 삽입(자동 실행, 모든 슬라이드 재생)

2 사진 앨범 기능을 이용하여 여름휴가 가족 앨범을 작성해 보세요.

• 실습파일 : 이미지 파일　　• 완성파일 : 13차시_연습문제_2(완성).pptx

> **작성조건**
> • 앨범 이미지([가족여행]) → 그림 레이아웃(제목을 가진 그림 1개) → 프레임 모양(단순형 프레임, 흰색)
> • 테마(자연) → 텍스트 입력 → 배경음악 삽입(자동 실행, 모든 슬라이드 재생)
> • 아이콘 추가 → 그리기(펜)

하이퍼링크로 아기돼지 삼형제 만들기

✄ 실행 단추를 이용하여 슬라이드를 이동할 수 있어요.

✄ 버튼 도형에 하이퍼링크를 삽입할 수 있어요.

✄ 배경 이미지를 추가한 후 앞-뒤 순서를 변경할 수 있어요.

 하이퍼링크는 클릭 한 번만으로 순간 이동을 할 수 있는 기능이에요. 문서의 특정한 위치에서 다른 슬라이드나 웹 페이지 등을 연결하면 빠르게 이동할 수 있어요.

미리보기 | 실습파일 : 아기 돼지 삼형제.pptx, 이미지 파일   완성파일 : 아기 돼지 삼형제(완성).pptx

STEP 01 : 실행 단추 삽입 후 하이퍼링크 지정하기

1 ▸ [14차시] 폴더에서 **아기돼지 삼형제.pptx** 파일을 열고 **[1 슬라이드]**를 선택합니다.

2 ▸ [삽입] 탭에서 [도형(📷)]-[실행 단추]-**실행 단추: 홈으로 이동(🏠)**을 클릭합니다.

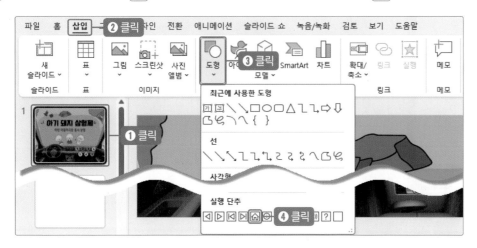

3 ▸ `Alt`를 누른 채 네비게이션 크기에 맞추어 드래그합니다. [실행 설정] 대화상자에서 **하이퍼링크(첫째 슬라이드)**를 확인한 후 <확인>을 클릭합니다.

4 ▸ [도형 서식] 탭의 [도형 스타일] 그룹에서 ▽를 눌러 **색 윤곽선-검정, 어둡게 1(🔤)**를 선택합니다.

STEP 02 · 버튼에 하이퍼링크 삽입하기

1 ▸ **1 버튼** 위에서 마우스 오른쪽 버튼을 눌러 **[하이퍼링크]**를 선택합니다.

2 ▸ [하이퍼링크 삽입] 대화상자에서 [현재 문서]-**2. 슬라이드 2**를 선택한 후 <확인>을 클릭합니다.

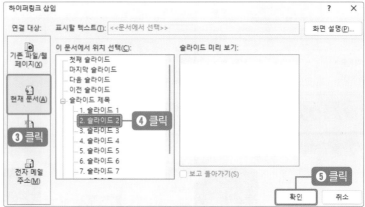

3 ▸ **2~7 버튼**도 같은 방법으로 하이퍼링크를 지정해 보세요.

- 2 버튼 : [현재 문서]-3. 슬라이드 3
- 3 버튼 : [현재 문서]-4. 슬라이드 4
- 4 버튼 : [현재 문서]-5. 슬라이드 5
- 5 버튼 : [현재 문서]-6. 슬라이드 6
- 6 버튼 : [현재 문서]-7. 슬라이드 7
- 7 버튼 : [현재 문서]-8. 슬라이드 8

LEVEL UP! 하이퍼링크 웹 페이지 연결

[기존 파일/웹 페이지]에서 **주소** 입력 칸에 연결할 인터넷 주소를 입력해 주세요.

주소(E): http://www.naver.com/

STEP 03 · 개체 복사하여 붙여넣기

1 ▸ Ctrl + A 를 눌러 모든 개체를 선택한 후 Ctrl + C 를 눌러 복사합니다.

2 ▸ [2 슬라이드]를 선택한 후 Ctrl + V 를 눌러 복사한 개체를 붙여넣으세요.

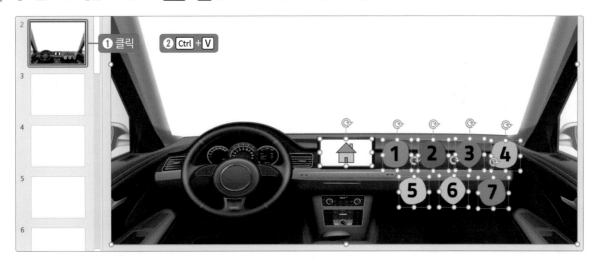

3 ▸ [3~8 슬라이드]에도 Ctrl + V 를 눌러 복사한 개체를 붙여넣으세요.

STEP 04 : **배경 이미지 삽입하기**

1 ▸ [2 슬라이드]를 선택한 후 [삽입] 탭에서 [그림()]-**이 디바이스**를 클릭합니다. 이어서, [그림 삽입] 대화 상자의 [14차시] 폴더에서 **장면1**을 더블클릭합니다.

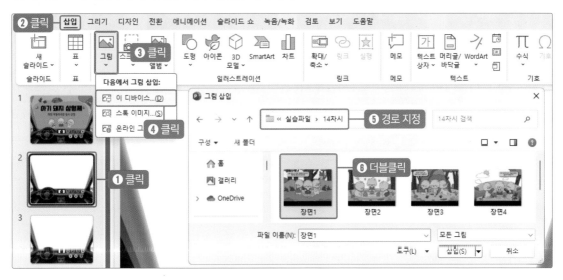

2 ▸ 그림이 삽입되면 마우스 오른쪽 버튼을 눌러 **[맨 뒤로 보내기]**를 클릭합니다.

3 ▸ [3~8 슬라이드]에도 똑같은 방법으로 배경 이미지를 삽입해 보세요.

- [3 슬라이드] : 장면2, [4 슬라이드] : 장면3, [5 슬라이드] : 장면4, [6 슬라이드] : 장면5, [7 슬라이드] : 장면6,
  [8 슬라이드] : 장면7

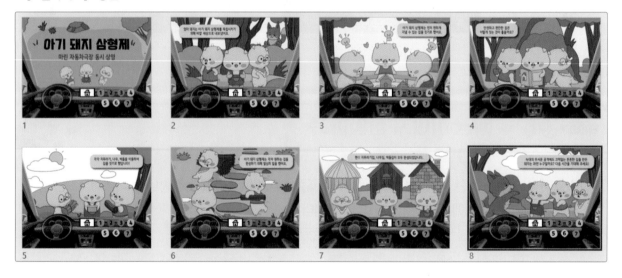

4 ▸ 모든 작업이 끝나면 [슬라이드 쇼] 탭에서 **[처음부터( )]**를 클릭하거나 F5를 누르세요. 슬라이드 쇼가 실행되면 각각의 버튼을 눌러서 해당 슬라이드로 이동하는지 확인해 보세요.

1 하이퍼링크 기능을 이용하여 날짜에 맞게 별자리 슬라이드를 연결해 보세요.

· 실습파일 : 14차시_연습문제_1.pptx　　· 완성파일 : 14차시_연습문제_1(완성).pptx

작성 조건
· [1 슬라이드] 생일 버튼 날짜에 맞추어 슬라이드를 연결
· [2~7 슬라이드]에 실행 단추 추가(홈, 뒤로, 앞으로) → 스타일 변경

2 하이퍼링크 기능을 이용하여 행성별로 웹 페이지를 연결해 보세요.

· 실습파일 : 14차시_연습문제_2.pptx　　· 완성파일 : 14차시_연습문제_2(완성).pptx

작성 조건
· [2 슬라이드] 태양계 행성을 복사하여 [1 슬라이드]에 붙여넣기
· 수성~해왕성에 하이퍼링크 웹 페이지 연결 : 수성(https://ko.wikipedia.org/wiki/수성)
· 금성~해왕성은 수성 주소를 복사하여 붙여 넣은 후 맨 뒤 행성 이름(수성→금성)만 수정

실행 기능으로 동물 소리 찾기

학습목표

☆ 슬라이드의 레이아웃을 변경하고 배경을 그림으로 채울 수 있어요.

☆ 동물 그림 위에 마우스 포인터를 놓으면 동물 소리가 나게 할 수 있어요.

☆ 도형이 보이지 않도록 서식을 지정할 수 있어요.

☆ 실행 실행은 개체를 클릭하거나 마우스 포인터를 위에 놓았을 때 하이퍼링크 또는 특정 소리를 재생 할 수 있어요. 실행 기능을 잘 활용하면 게임처럼 재미있는 다양한 작품을 만들 수 있어요.

 미리보기

실습파일 : 음악 파일 완성파일 : 동물 소리 찾기(완성).pptx

1 ▸ 파워포인트 2021을 실행한 후 [새 프레젠테이션]을 클릭합니다.

2 ▸ 빈 파일이 열리면 축소판 그림 창에서 마우스 오른쪽 버튼을 눌러 [레이아웃]-**빈 화면**을 클릭합니다.

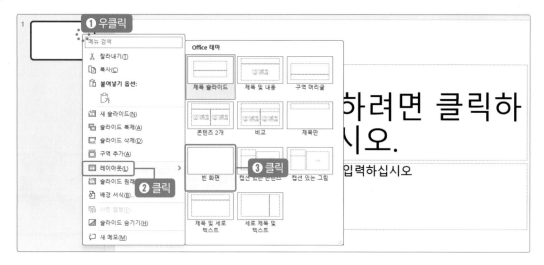

3 ▸ 슬라이드 위에서 마우스 오른쪽 버튼을 눌러 [**배경 서식**]을 클릭합니다.

4 ▸ 화면 오른쪽 [배경 서식] 창에서 **그림 또는 질감 채우기**를 선택한 후 <**삽입**>을 클릭합니다. 이어서, [그림 삽입] 대화상자에서 **파일에서**를 선택합니다.

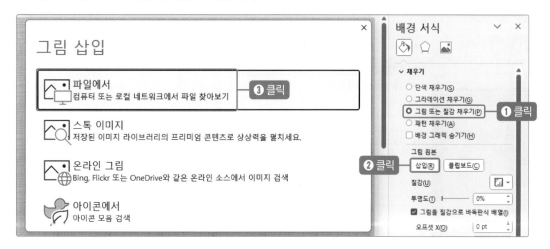

5 ▸ [그림 삽입] 대화상자의 [15차시] 폴더에서 **동물 소리 배경**을 더블클릭합니다.

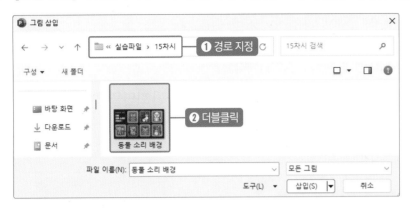

STEP 02 : 도형을 삽입하여 동물 소리 지정하기

1 ▸ [삽입] 탭에서 [도형(◯)]-[기본 도형]-**사각형: 둥근 모서리(▢)**을 클릭합니다.

2 ▸ 커서 모양(+)이 변경되면 대각선 방향으로 드래그하여 올빼미 그림 크기에 맞추세요.

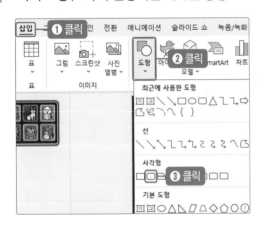 

3 ▸ [삽입] 탭에서 [실행(☆)]을 클릭한 후 [실행 설정] 대화상자에서 **[마우스를 위에 놓았을 때]** 탭의 **소리 재생**을 체크(v)합니다.

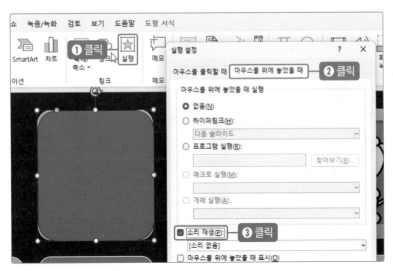

4 ▸ [소리 없음]을 클릭하여 **다른 소리**를 선택합니다. [오디오 추가] 대화상자의 [15차시] 폴더에서 **양**을 더블클릭한 후 <확인>을 클릭합니다.

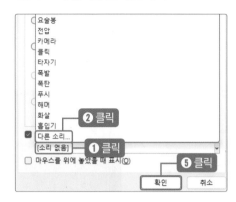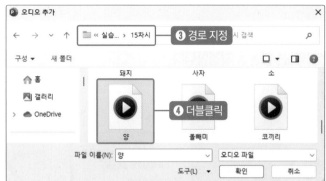

5 ▸ Ctrl + Shift 를 누른 채 오른쪽과 아래쪽으로 드래그하여 모든 그림 위로 도형을 복사합니다.

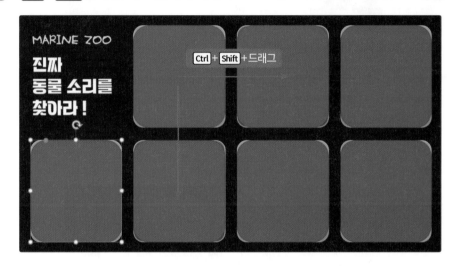

6 ▸ 복제된 도형을 선택한 후 [삽입] 탭에서 **[실행(☆)]**을 클릭하여 소리 재생의 오디오 파일을 아래와 같이 각각 변경해 보세요.

- **❶** : 사자, **❷** : 돼지, **❸** : 올빼미, **❹** : 늑대, **❺** : 코끼리, **❻** : 소

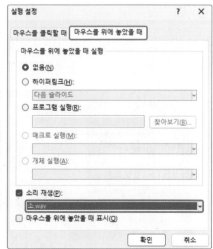

STEP 03 : 도형 서식 지정하기

1 ▶ 첫 번째 도형 위에서 마우스 오른쪽 버튼을 눌러 **[도형 서식]**을 클릭합니다. 오른쪽 [도형 서식] 창에서 **투명도 (100%)와 선 없음**을 지정합니다.

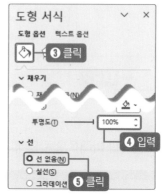

2 ▶ 첫 번째 도형이 선택된 상태에서 [홈] 탭의 **[서식 복사(🖌)]**를 더블클릭합니다. 마우스 포인터 모양(🔘)이 변경되면 오른쪽 도형을 클릭하여 서식을 적용시키세요.

3 ▶ 나머지 도형들도 클릭하여 서식을 적용시킨 후 F5를 누르세요. 슬라이드 쇼가 실행되면 마우스 포인터를 그림 위로 이동시켜 동물과 일치하는 소리를 찾아보세요.

1 도형을 삽입한 후 실행 기능을 이용하여 하이퍼링크로 연결해 보세요.

• 실습파일 : 15차시_연습문제_1.pptx   • 완성파일 : 15차시_연습문제_1(완성).pptx

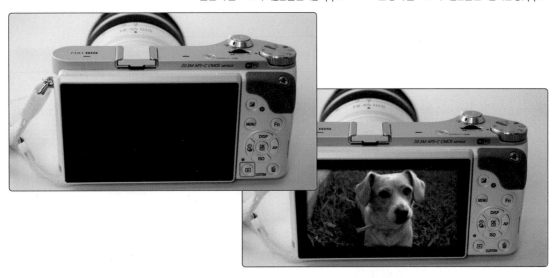

작성 조건
- 📷 위에 타원 도형 삽입(투명도 100, 선 없음), 도형 복사 후 [2 슬라이드]에 붙여넣기
- [1 슬라이드] 도형 실행 설정(마우스를 클릭했을 때, 하이퍼링크-다음 슬라이드)
- [2 슬라이드] 도형 실행 설정(마우스를 클릭했을 때, 하이퍼링크-쇼 마침), 슬라이드쇼([F5])

2 피아노 건반 도형에 실행 기능을 이용하여 하이퍼링크로 연결해 보세요.

• 실습파일 : 15차시_연습문제_2.pptx, 음악 파일   • 완성파일 : 15차시_연습문제_2(완성).pptx

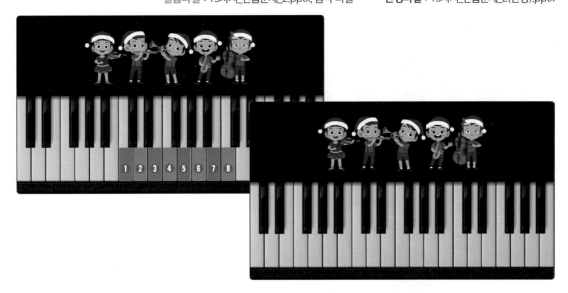

작성 조건
- 왼쪽 도형부터 차례대로 실행 설정(마우스를 위에 놓았을 때, 소리 재생-다른 소리)
- 소리 재생은 왼쪽 도형부터 차례대로 ❶도, ❷레, ❸미, ❹파, ❺솔, ❻라, ❼시, ❽도 추가
- 도형 서식·채우기 없음, 슬라이드쇼([F5])

마우스 탈출 게임

✄ 파워포인트로 게임도 만들 수 있다는 사실을 알고 있나요? 마우스를 움직여서 마우스 포인터가 장애물에 닿지 않고 통과해야 하는 '마우스 탈출 게임'은 장애물에 닿으면 폭탄이 터지고, 게임을 모두 통과하면 성공 트로피를 받는 게임으로 '하이퍼링크'와 '실행' 기능을 이용하여 재미있게 만들어 보세요.

미리보기 실습파일 : 마우스 탈출 게임.pptx   완성파일 : 마우스 탈출 게임(완성).pptx

STEP 01 : 하이퍼링크 설정하기

1▸ [16차시] 폴더에서 **마우스 탈출 게임.pptx** 파일을 열어서 모든 슬라이드의 버튼에 [삽입]-[링크(🔗)]와 [실행(⭐)]을 이용하여 연결을 설정합니다.

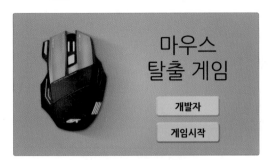

· [1 슬라이드] 메인화면
· 개발자 : [2 슬라이드] 연결
· 게임시작 : [3 슬라이드] 연결

· [2 슬라이드] : 개인정보입력
· 처음으로 : [첫째 슬라이드] 연결
· 게임시작 : [3 슬라이드] 연결

· [3 슬라이드] 게임설명화면
· 출발 : [4 슬라이드] 연결

· [4 슬라이드] 탈출게임1
· 도착 : [5 슬라이드] 연결

· [5 슬라이드] 탈출게임2
· 도착 : [마지막 슬라이드] 연결

· [6 슬라이드] 탈출게임1 실패화면
· 다시하기 : [4 슬라이드] 연결
· 그만하기 : 실행(⭐)-[마우스를 클릭했을 때]-[쇼 마침]

· [7 슬라이드] 탈출게임2 실패화면
· 다시하기 : [5 슬라이드] 연결
· 그만하기 : 실행(⭐)-[마우스를 클릭했을 때]-[쇼 마침]

· [8 슬라이드] 탈출게임 성공화면

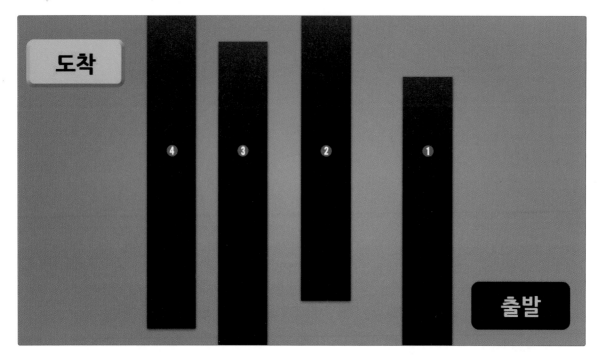

놀이 방법

마우스 포인터를 출발 지점에서 도착 지점까지 검정 막대에 닿지 않고 이동하는 게임이에요. 마우스 포인터가 검정 막대에 닿으면 [6 슬라이드]로 이동해요.

1▸ [삽입] 탭에서 [도형(🖼)]-[사각형]-**직사각형(▢)**을 클릭한 후 도형 ❶을 그리세요.

2▸ [도형 서식] 탭의 [도형 스타일] 그룹에서 ▾를 눌러 **강한 효과 – 검정, 어둡게 1(Abc)**을 선택합니다.

3▸ [삽입] 탭에서 **[실행(☆)]**을 클릭합니다. [실행 설정] 대화상자에서 [마우스를 위에 놓았을 때] 탭을 클릭한 **[하이퍼링크]-[6. 슬라이드 6]**으로 설정합니다.

4▸ [Ctrl]을 누른 채 드래그하여 도형 ❷를 복제한 후 도형의 길이를 조금 더 길게 변경합니다.

5▸ 같은 방법으로 도형 ❸과 도형 ❹를 복제한 후 도형의 길이를 조금 더 길게 변경합니다.

6▸ 복제된 도형 사이의 간격을 점점 좁아지게 만들면 게임을 더 재미있게 할 수 있어요.

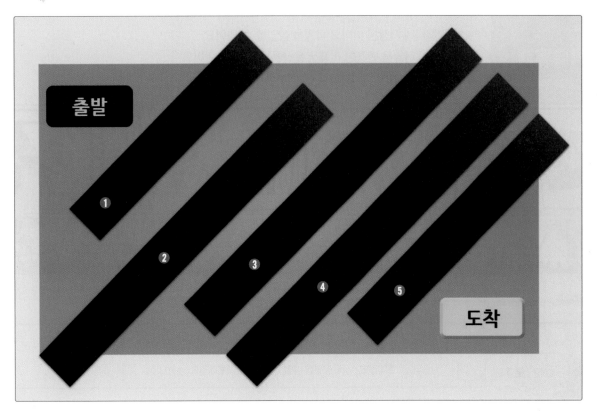

놀이 방법

마우스 포인터를 출발 지점에서 도착 지점까지 검정 막대에 닿지 않고 이동하는 게임이에요. 마우스 포인터가 검정 막대에 닿으면 [7 슬라이드]로 이동해요.

1 ▸ [삽입] 탭에서 [도형(◻)]-[사각형]-**직사각형(▢)**을 클릭한 후 도형 ❶을 그리세요.

2 ▸ [도형 서식] 탭의 [도형 스타일] 그룹에서 ⊽를 눌러 **강한 효과 – 검정, 어둡게 1(Abc)**을 선택합니다.

3 ▸ [Shift]를 누른 채 회전 핸들(◉)을 오른쪽으로 드래그하여 회전시키세요. 도형을 회전시킬 때 슬라이드 밖으로 나가도 실제 게임에서는 보이지 않아요.

4 ▸ [삽입] 탭에서 **[실행(☆)]**을 클릭합니다. [실행 설정] 대화상자에서 [마우스를 위에 놓았을 때] 탭을 클릭한 **[하이퍼링크]-[7. 슬라이드 7]**로 설정합니다.

5 ▸ [Ctrl]을 누른 채 드래그하여 도형 ❷를 복제한 후 도형의 길이를 조금 더 길게 변경합니다.

6 ▸ 같은 방법으로 도형 ❸~❺를 복제한 후 도형의 길이를 변경합니다.

7 ▸ 복제된 도형 사이의 간격을 점점 좁아지게 만들면 게임을 더 재미있게 할 수 있어요.

8 ▸ 모든 작업이 끝나면 [슬라이드 쇼] 탭에서 **[처음부터(⬚)]**를 클릭하거나 [F5]를 눌러 게임을 해보세요.

17

#비디오 #비디오 형식 #재생 옵션

비디오 삽입으로 롯데월드 즐기기

학습목표

- 내 컴퓨터에 저장된 비디오 파일을 삽입할 수 있어요.
- 비디오 스타일을 변경하고 재생 옵션을 지정할 수 있어요.
- 온라인 비디오(예 : 유튜브)를 삽입할 수 있어요.

비디오 파워포인트로 만든 문서에 글자와 그림만 있으면 보는 사람들이 지루해할 수 있어요. 문서 중간에 컴퓨터에 저장된 비디오 파일 또는 인터넷 비디오(예: 유튜브)를 연결하여 보여준다면 더 재미있는 발표가 될 거예요.

미리보기

실습파일 : 롯데월드.pptx, 동영상 파일 완성파일 : 롯데월드(완성).pptx

STEP 01 ┊ 내 컴퓨터 저장된 비디오 파일 삽입하기

1 ▸ [17차시] 폴더에서 **롯데월드.pptx** 파일을 열고 **[2 슬라이드]**를 선택합니다.

2 ▸ [삽입] 탭에서 [비디오(▢)]–**이 디바이스**를 클릭합니다. 이어서, [비디오 삽입] 대화상자의 [17차시] 폴더에서 **회전목마**를 더블클릭합니다.

3 ▸ 비디오가 삽입되면 [비디오 형식] 탭의 [비디오 스타일] 그룹에서 ▽를 눌러 **부드러운 가장자리 타원(▢)**를 선택합니다.

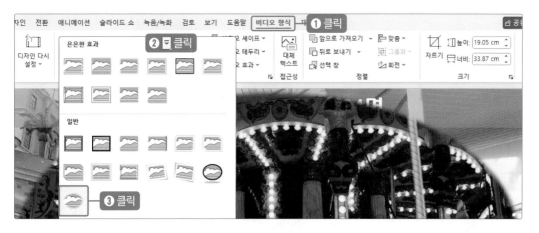

4 ▸ 조절점(▢)으로 크기를 줄인 후 위치를 변경합니다.

5 ▸ [재생] 탭에서 [시작(▷)]을 **자동 실행**으로 변경합니다.

6 ▸ 똑같은 방법으로 [3 슬라이드]에 **롤러코스터** 비디오를 추가한 후 [비디오 형식] 탭에서 [비디오 셰이프(▣)]-**구름**을 클릭합니다.

7 ▸ 모양이 변경되면 크기와 위치를 변경한 후 [재생] 탭에서 시작(▷)을 **자동 실행**으로 변경합니다.

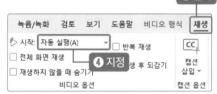

STEP 02 : 온라인 비디오 삽입하기

1 ▸ 구글 크롬( )을 실행하여 유튜브(www.youtube.com)에 접속한 후 **롯데월드 스페인해적선**으로 검색합니다.

2 ▸ 원하는 영상을 선택하여 **공유**를 클릭한 후 [공유] 대화상자에서 **<복사>**를 클릭합니다.

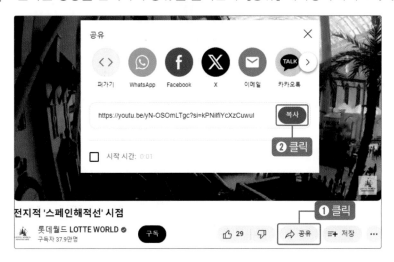

3 ▸ 파워포인트에서 [4 슬라이드]를 선택한 후 [삽입] 탭에서 [비디오( )]-**온라인 비디오**를 클릭합니다. 비디오 주소 입력 칸을 선택하여 Ctrl+V를 누른 후 <삽입>을 클릭합니다.

4 ▸ 온라인 비디오가 삽입되면 크기와 위치를 변경한 후 [비디오 형식] 탭의 [비디오 스타일] 그룹에서 ⌄를 눌러 **입체 프레임, 그라데이션(⬜)**을 선택합니다.

5 ▸ [재생] 탭에서 [시작(⚡)]을 **자동 실행**으로 변경합니다.

6 ▸ 똑같은 방법으로 [5 슬라이드]에는 **자이로드롭**, [6 슬라이드]에는 **월드모노레일** 비디오를 유튜브에서 검색하여 삽입해 보세요.

7 ▸ 모든 작업이 끝나면 [슬라이드 쇼] 탭에서 **[처음부터(🖥)]**를 클릭하거나 F5를 눌러 삽입한 동영상을 확인해 보세요.

1 슬라이드에 비디오를 추가한 후 비디오 스타일 적용시켜 보세요.

· 실습파일 : 17차시_연습문제_1.pptx   · 완성파일 : 17차시_연습문제_1(완성).pptx

작성 조건 · 비디오 추가 - 이 디바이스(음료광고) → 시작(자동 실행)

2 슬라이드에 비디오를 추가한 후 비디오 셰이프를 적용시켜 보세요.

· 실습파일 : 17차시_연습문제_2.pptx   · 완성파일 : 17차시_연습문제_2(완성).pptx

작성 조건 · 비디오 추가 - 온라인 비디오(유튜브 검색 : 대한민국의 아름다운 영토 독도) → 시작(자동 실행)

18

오디오 삽입하여 뮤직비디오 만들기

학습목표

✼ 슬라이드를 복사하여 원본 서식을 유지한 채 붙여넣을 수 있어요.

✼ 오디오를 삽입하여 옵션을 설정할 수 있어요.

✼ 오디오 파일에서 원하는 부분만 들을 수 있어요.

✼ **오디오 삽입** 만약 뮤직비디오에 음악이 없고 가사만 나온다면 엄청 답답하겠죠? 파워포인트로 만든 문서에 음악이나 음성과 같은 오디오가 삽입되면 지루하지 않고 생동감 넘치는 발표 자료를 만들 수 있어요.

미리보기

실습파일 : 동그란 바퀴.pptx, 오디오 파일　　완성파일 : 동그란 바퀴(완성).pptx

STEP 01 : 가사 입력 후 슬라이드 복제하기

1 ▸ [19차시] 폴더에서 **동그란 바퀴.pptx** 파일을 열어서 [2~5 슬라이드]에 아래와 같이 가사를 입력합니다.

동그랗게 생긴 바퀴 어디 있나요?

▲ [2 슬라이드]

붕붕붕~ 자동차에 네 개 달려 있지요.

▲ [3 슬라이드]

따르릉~ 자전거엔 두 개 있어요.

▲ [4 슬라이드]

칙칙폭폭~ 기차엔 우~와 많네.

▲ [5 슬라이드]

2 ▸ 여러 슬라이드를 복제하기 위해 화면 보기 버튼에서 **여러 슬라이드(**□□**)**를 클릭합니다.

3 ▸ Ctrl + A 를 눌러 모든 슬라이드를 선택한 후 Ctrl + C 를 누르세요.

4 ▶ Ctrl+V를 눌러 복사한 슬라이드를 붙여 넣은 후 붙여넣기 옵션 단추(📋 (Ctrl) ▼)를 클릭하여 **원본 서식 유지**(📝)를 선택합니다.

5 ▶ [6 슬라이드]를 선택한 후 화면 보기 버튼에서 **기본 보기**(🔳)를 클릭합니다.

6 ▶ 화면이 바뀌면 동그란 바퀴를 블록으로 지정한 후 **(간주중)**으로 변경하고 Esc를 누르세요. 이어서, [홈] 탭에서 **글꼴(나눔고딕)**을 변경합니다.

1 ▶ **[1 슬라이드]**를 클릭한 후 [삽입] 탭에서 [오디오( )]-**내 PC의 오디오**를 클릭합니다.

2 ▶ [오디오 삽입] 대화상자의 [18차시] 폴더에서 **동그란 바퀴**를 더블클릭합니다.

3 ▶ 오디오가 삽입되면 [재생] 탭에서 [시작( )]-**자동 실행**과 **모든 슬라이드에서 재생**을 지정합니다.

4 ▶ 오디오 아이콘의 위치를 변경한 후 [슬라이드 쇼] 탭에서 **[처음부터( )]**를 클릭하거나 F5를 눌러 슬라이드 쇼를 실행합니다.

5 ▸ 슬라이드 쇼가 실행되면 노랫말에 맞추어 화면을 클릭해 슬라이드를 넘겨보세요.

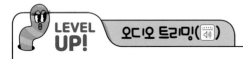

LEVEL UP! 오디오 트리밍(🔊)

❶ 오디오 파일에서 **시작 시간**과 **종료 시간**을 지정하여 원하는 부분만 들을 수 있는 기능이에요.

❷ [1 슬라이드]의 오디오 아이콘을 클릭한 후 [재생] 탭에서 **[오디오 트리밍(🔊)]**을 클릭해요.

❸ [오디오 트리밍] 대화상자에서 종료 시간을 **00:25**초 지정한 후 <확인>을 클릭합니다.

❹ 오디오 아이콘 아래쪽의 재생 버튼을 눌러 25초까지만 오디오가 재생되는지 확인해 보세요.

1 노래 가사와 오디오를 삽입하여 재미있는 동요를 만들어 보세요.

· 실습파일 : 18차시_연습문제_1.pptx, 오디오 파일   · 완성파일 : 18차시_연습문제_1(완성).pptx

나무야 봄이 오면 파릇파릇 속옷 입고

나무야 여름 되면 초록초록 겉옷 입네

가을 되면 울긋불긋 멋쟁이 옷을 입고

나무야 겨울 되면 벌거벗고 춥겠구나

· **[2 슬라이드]** :
  나무야 봄이 오면 **파릇파릇** 속옷 입고

· **[3 슬라이드]** :
  나무야 여름 되면 **초록초록** 겉옷 입네

· **[4 슬라이드]** :
  가을 되면 **울긋불긋** 멋쟁이 옷을 입고

· **[5 슬라이드]** :
  나무야 겨울 되면 **벌거벗고** 춥겠구나

작성 조건
· 오디오 추가(나무야) → 재생(자동 실행) → 모든 슬라이드에서 재생
· 오디오 트리밍(종료 시간 : 33초)

2 오디오를 삽입하여 전통악기를 연주해 보세요.

· 실습파일 : 18차시_연습문제_2.pptx, 오디오 파일   · 완성파일 : 18차시_연습문제_2(완성).pptx

작성 조건
· ❶ 메인 오디오 추가(숨바꼭질) → 재생(자동 실행) → 백그라운드에서 재생
· ❷ 악기별 오디오 추가 : 첫 번째 악기(1_꽹과리)~마지막 악기(6_태평소) 순서대로 추가 → 재생
  (클릭할 때)

#화면 전환 #효과 옵션

화면 전환으로 미술작품 관람하기

❉ 슬라이드에 다양한 화면 전환 효과를 지정할 수 있어요.
❉ 화면 전환 시 효과 옵션을 지정할 수 있어요.
❉ 화면 전환 시 기간을 지정할 수 있어요.

❉ 화면 전환 슬라이드가 바뀔 때마다 여러 가지 효과를 지정하여 발표 내용을 시각적으로 전달할 수 있어요. 다양한 전환 효과 중에서 원하는
효과를 선택한 후 소리 추가, 전환 속도, 전환 방법 등을 지정할 수 있어요.

 미리보기   실습파일 : 미술관.pptx   완성파일 : 미술관(완성).pptx

STEP 01 : [1 슬라이드] 화면 전환하기

1 ▸ [19차시] 폴더에서 **미술관.pptx** 파일을 열고 **[1 슬라이드]**를 선택합니다.

2 ▸ [전환] 탭의 [슬라이드 화면 전환] 그룹에서 ⯆를 눌러 화려한 효과-**바람(****)**를 선택합니다.

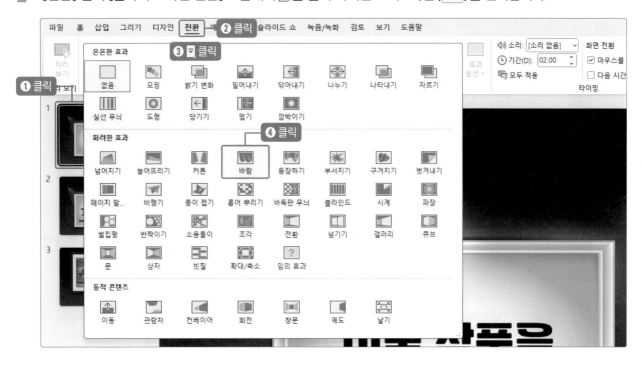

3 ▸ [전환] 탭에서 [효과 옵션( )]-**왼쪽으로**를 클릭합니다.

4 ▸ [전환] 탭에서 소리( )를 **요술봉**으로 지정한 후 기간( )을 **03:00**으로 변경합니다.

1 ▶ [2 슬라이드]를 선택한 후 [전환] 탭의 [슬라이드 화면 전환] 그룹에서 ⯆를 눌러 화려한 효과–**갤러리(▣)**를 선택합니다.

2 ▶ [전환] 탭에서 [소리(◀))]를 **화살**로 변경합니다.

3 ▶ [3 슬라이드]에도 **화면 전환(갤러리)**과 **소리(화살)**를 똑같이 적용해 보세요.

STEP 03 : 슬라이드를 복제하여 모핑으로 화면 전환하기

1 ▸ 축소판 그림 창 **[3 슬라이드]** 위에서 마우스 오른쪽 버튼을 눌러 **[슬라이드 복제]**를 클릭합니다.

2 ▸ 슬라이드가 복제되면 확대/축소 비율을 **60%**로 변경한 후 스크롤 바를 왼쪽으로 드래그합니다.

3 ▸ Shift 를 누른 채 **모나리자** 그림을 왼쪽으로 드래그하여 검은색 배경 가운데에 오도록 위치를 변경합니다.

4 ▸ 똑같은 방법으로 마지막 슬라이드를 복제하여 그림의 위치를 변경합니다.

▲ [4 슬라이드]

▲ [5 슬라이드]

▲ [6 슬라이드]

▲ [7 슬라이드]

5 ▸ 축소판 그림 창에서 **[4 슬라이드]**를 선택한 후 Shift 를 누른 채 **[7 슬라이드]**를 클릭합니다.

6 ▸ [전환] 탭의 [슬라이드 화면 전환] 그룹에서 ▾를 눌러 은은한 효과–**모핑(▨)**을 선택합니다.

7 ▸ 모든 작업이 끝나면 [슬라이드 쇼] 탭에서 **[처음부터(▣)]**를 클릭하거나 F5 를 눌러 확인해 보세요.

1 도형에 동물 그림을 삽입한 후 화면 전환 효과를 적용해 보세요.

· 실습파일 : 19차시_연습문제_1.pptx · 완성파일 : 19차시_연습문제_1(완성).pptx

작성 조건
· [1 슬라이드] 2개 복제 → 도형에 동물 그림 삽입(온라인 그림)
· 화면 전환(화려한 효과-페이지 말아 넘기기) → 아이콘 추가

2 작성 조건을 참고하여 슬라이드마다 화면 전환 및 효과 옵션을 지정해 보세요.

· 실습파일 : 19차시_연습문제_2.pptx · 완성파일 : 19차시_연습문제_2(완성).pptx

 작성 조건

슬라이드	전환효과	효과옵션
2 슬라이드	커튼	–
3 슬라이드	페이지 말아 넘기기	이중 왼쪽
4 슬라이드	벌집형	–
5 슬라이드	블라인드	가로
6 슬라이드	바람	오른쪽으로
7 슬라이드	부서지기	–
8 슬라이드	구겨지기	–
9 슬라이드	비행기	오른쪽으로
10 슬라이드	바둑판 무늬	왼쪽에서
11 슬라이드	파장	가운데부터
12 슬라이드	깜박이기	–

20

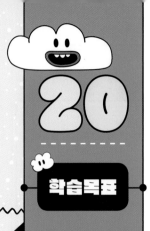

#애니메이션 #애니메이션 타이밍

애니메이션으로 초성 퀴즈 만들기

학습목표

- 개체에 원하는 애니메이션을 지정할 수 있어요.
- 애니메이션의 시작 방법과 재생 및 지연 시간을 설정할 수 있어요.
- 애니메이션이 포함된 슬라이드를 복제할 수 있어요.

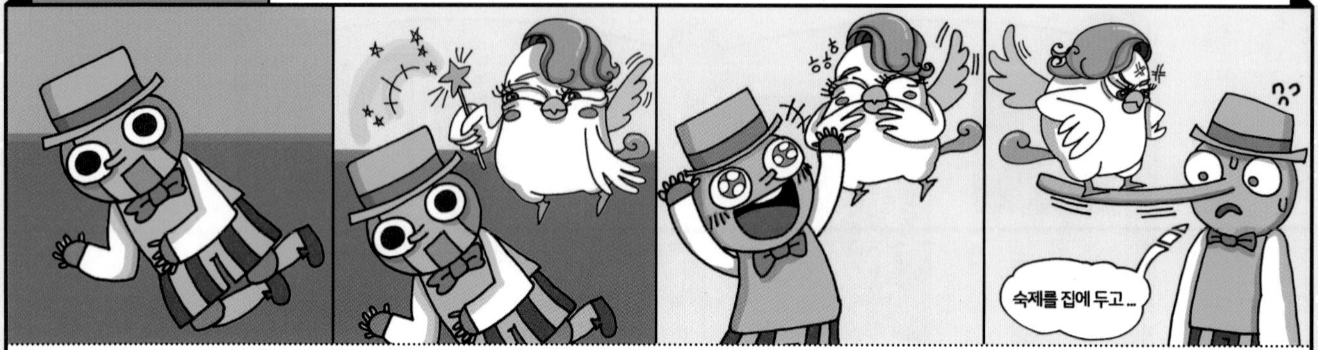

애니메이션 애니메이션은 개체가 살아 있는 것처럼 움직이게 하는 효과예요. 개체에 어울리는 애니메이션 효과를 선택한 후 시작 방법이나 재생 시간 등을 설정하면 멋진 애니메이션을 만들 수 있어요.

미리보기

실습파일 : 초성퀴즈.pptx　완성파일 : 초성퀴즈(완성).pptx

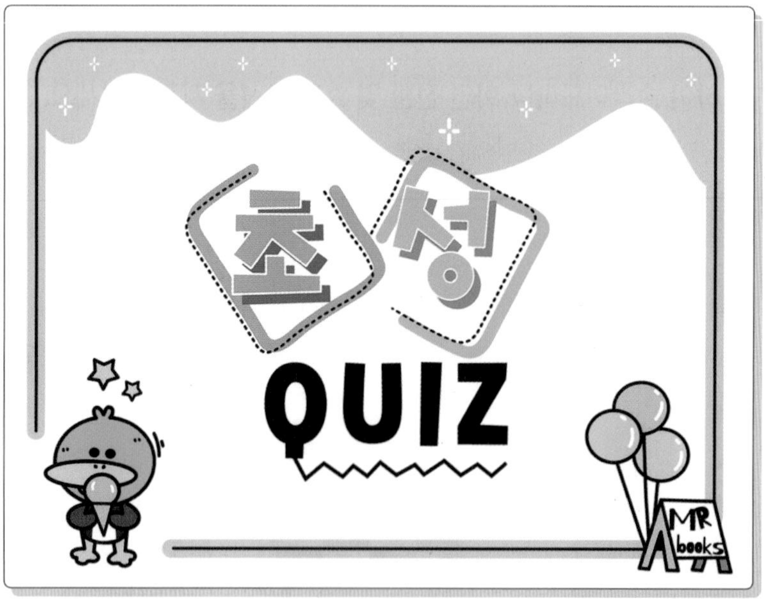

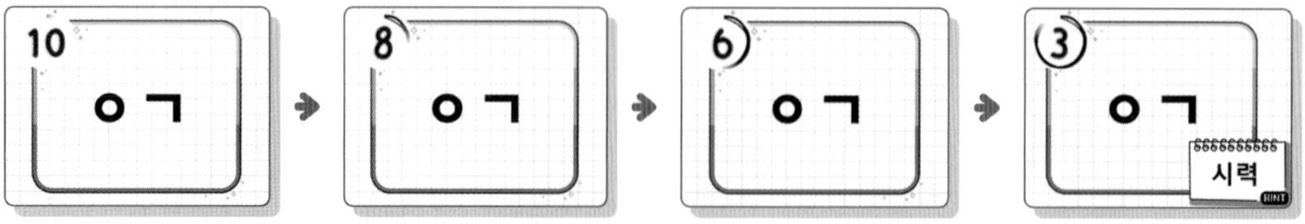

STEP 01 : 원형 도형 만들기

1 ▸ [20차시] 폴더에서 **초성퀴즈.pptx** 파일을 열고 [**2 슬라이드**]를 선택합니다.

2 ▸ [삽입] 탭에서 [도형(▣)]-[기본 도형]-**원형(◎)**을 클릭한 후 [Shift]를 누른 채 대각선 방향으로 드래그합니다.

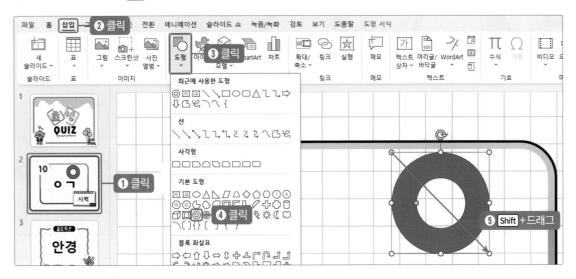

3 ▸ [도형 서식] 탭에서 [도형 채우기]와 [도형 윤곽선]을 **검정, 텍스트1**로 지정합니다.

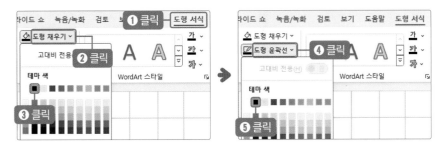

4 ▸ [도형 윤곽선]에서 [두께]-2¼pt 와 [스케치]-〰를 각각 지정합니다.

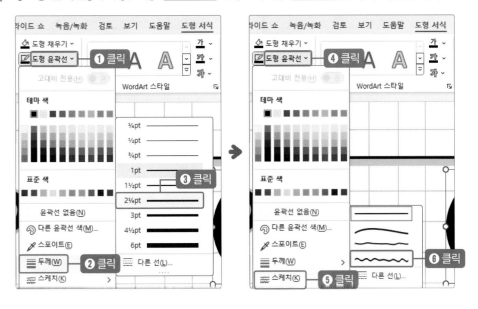

5 ▸ 노란색 조절점()을 왼쪽으로 드래그하여 도형의 두께를 변경한 후 카운트 숫자 위치로 이동시키세요. 이어서, 대각선 조절점(⟋)으로 크기를 맞추세요.

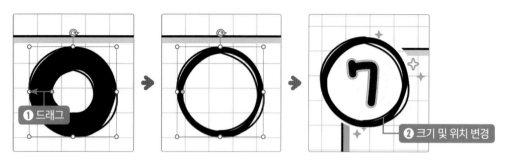

STEP 02 : **도형과 그림에 애니메이션 지정하기**

1 ▸ 도형이 선택된 상태에서 [애니메이션] 탭의 [애니메이션] 그룹에서 ⯆를 눌러 [나타내기]-**시계 방향 회전(★)** 을 선택합니다.

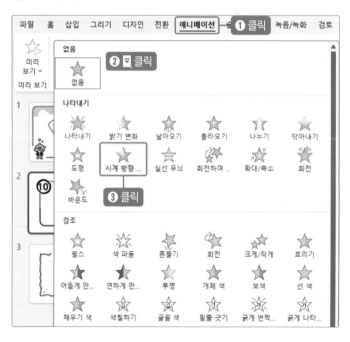

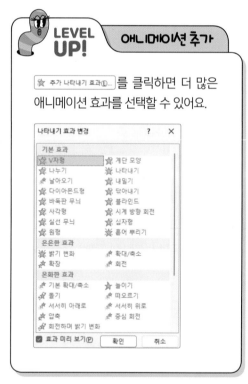

2 ▸ [애니메이션] 탭에서 [시작(▷)]을 **이전 효과와 함께**, [재생 시간(◷)]을 10으로 변경한 후 **[미리 보기 (☆)]**를 클릭하여 애니메이션을 확인해 보세요.

3 ▶ 힌트 그림을 선택한 후 [애니메이션] 탭의 [애니메이션] 그룹에서 ▽를 눌러 [나타내기]-**확대/축소(☆)**을
선택합니다.

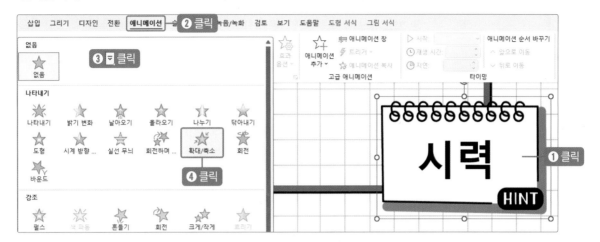

4 ▶ [애니메이션] 탭에서 [시작(▷)]을 **이전 효과와 함께**, [지연(⏰)]을 **6**으로 변경한 후 **[미리 보기(☆)]**를
클릭하여 애니메이션을 확인해 보세요.

STEP 03 ┊ **[3 슬라이드]에 애니메이션을 지정한 후 슬라이드 복제하기**

1 ▶ [3 슬라이드]를 선택한 후 **텍스트 상자**를 클릭합니다.

2 ▶ [애니메이션] 탭의 [애니메이션] 그룹에서 ▽를 눌러 [나타내기]-**실선 무늬(☆)**을 선택합니다.

3 ▸ [애니메이션] 탭에서 [시작(▷)]을 **이전 효과와 함께**로 변경한 후 [**미리 보기(☆)**]를 클릭하여 애니메이션을 확인해 보세요.

4 ▸ 축소판 그림 창에서 [Ctrl]을 누른 채 [2~3 슬라이드]를 선택한 후 마우스 오른쪽 버튼을 눌러 [슬라이드 복제]를 클릭합니다. 슬라이드가 복제되면 아래 그림처럼 문제와 정답을 변경해 보세요.

▲ [4 슬라이드] 수정   ▲ [5 슬라이드] 수정

5 ▸ [3 슬라이드]를 클릭한 후 [전환] 탭에서 [화면 전환]-**다음 시간 후**를 선택(v)하고 **2**를 입력합니다.

6 ▸ 모든 작업이 끝나면 [슬라이드 쇼] 탭에서 [**처음부터(▷)**]를 클릭하거나 [F5]를 눌러 초성 퀴즈를 확인해 보세요.

1 각각의 개체에 애니메이션 기능을 적용해 보세요.

· 실습파일 : 20차시_연습문제_1.pptx　　· 완성파일 : 20차시_연습문제_1(완성).pptx

작성 조건

· 무지개 : 나타내기(계단 모양), 이전 효과와 함께, 재생 시간(2초)
· 해 : 나타내기(올라오기), 이전 효과 다음에, 재생 시간(1초)
· 꽃 : 나타내기(도형), 이전 효과 다음에, 재생 시간(2초)
· 나비 : 나타내기(회전), 이전 효과 다음에, 재생 시간(2초)
· 벌 : 나타내기(휘돌아 나타내기), 이전 효과 다음에, 재생 시간(1초)

※ 조건과 일치하는 애니메이션이 없을 경우 '추가 나타내기 효과'에서 지정

슬라이드 쇼로 인공지능 발표하기

☆ 발표에 불필요한 슬라이드를 숨길 수 있어요.

☆ 발표에 필요한 슬라이드만 선별하여 쇼 재구성을 할 수 있어요.

☆ 슬라이드 쇼를 설정하고 레이저 포인터, 펜, 형광펜을 사용할 수 있어요.

☆ 슬라이드 쇼   슬라이드를 화면 전체에 채워 보여주는 기능으로 레이저 포인터 및 형광펜 등을 이용하여 발표할 수 있어요. 발표를 할 때 불필요한 슬라이드를 숨기거나 슬라이드 쇼를 재구성하여 원하는 내용만 발표할 수도 있어요.

 미리보기

실습파일 : 인공지능 발표하기.pptx   완성파일 : 인공지능 발표하기(완성).pptx

인공지능과 함께 더 나은 미래 만들기

컴퓨터 친구, 인공지능이란 무엇일까요?

마린북스

인공지능

인공지능이란 무엇일까요?

인공지능은 컴퓨터 시스템이
사람과 비슷하게 생각을 하고
문제 해결이 가능하도록
갖춰진 기술입니다.

마린북스

사용 이유

인공지능, 왜 사용하는 것일까요?

- 인공지능은 빠르고 정확하며, 사람보다 많은 양의 데이터를 손쉽게 처리할 수 있습니다.

- 인공지능은 의료, 교육, 교통, 예술 등 다양한 분야에서 활용됩니다.

마린북스

STEP 01 : 발표에 제외할 슬라이드 숨기기

1 ▶ [21차시] 폴더에서 **인공지능 발표하기.pptx** 파일을 열고 **[6 슬라이드]**를 선택한 후 [슬라이드 쇼] 탭에서 **[슬라이드 숨기기(▨)]**를 클릭합니다.

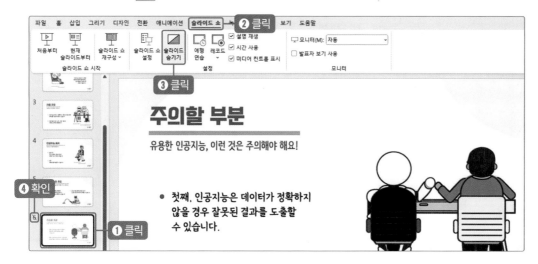

2 ▶ [슬라이드 쇼] 탭에서 **[처음부터(▣)]**를 클릭하거나 F5를 눌러 슬라이드 쇼를 실행한 후 화면을 클릭하여 **[6 슬라이드]**가 표시되지 않는 것을 확인합니다.

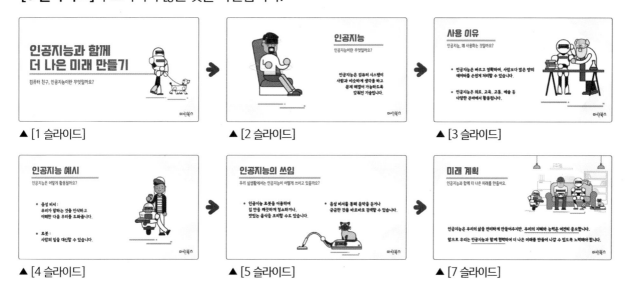

▲ [1 슬라이드]　　▲ [2 슬라이드]　　▲ [3 슬라이드]

▲ [4 슬라이드]　　▲ [5 슬라이드]　　▲ [7 슬라이드]

3 ▶ Esc를 눌러 슬라이드 쇼를 종료하고 **[6 슬라이드]**를 선택한 후 [슬라이드 쇼] 탭에서 **[슬라이드 숨기기(▨)]**를 클릭하여 선택을 해제합니다.

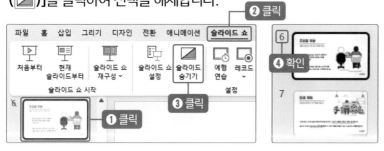

1 ▸ **[1 슬라이드]**를 선택한 후 [슬라이드 쇼] 탭에서 [슬라이드 쇼 재구성(▣)]-**쇼 재구성**을 클릭합니다.

2 ▸ [쇼 재구성] 대화상자에서 <새로 만들기>를 클릭합니다.

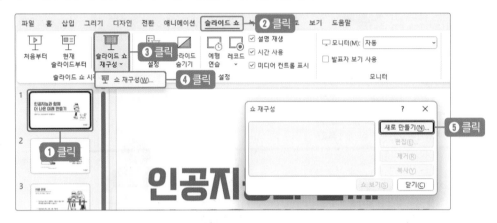

3 ▸ [쇼 재구성 하기] 대화상자에서 슬라이드 쇼 이름을 **인공지능 발표**로 입력하고 1, 2, 3, 5, 7 슬라이드만 선택한 후 <추가> 및 <확인> 버튼을 클릭합니다. 이어서, [쇼 재구성] 대화상자에서 **<쇼 보기>**를 클릭합니다.

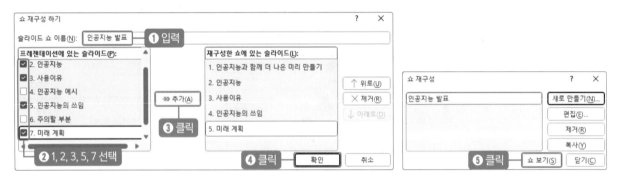

4 ▸ 슬라이드 쇼가 실행되면 쇼 재구성에 포함된 슬라이드만 표시되는 것을 확인합니다.

▲ [1 슬라이드]   ▲ [2 슬라이드]   ▲ [3 슬라이드]

▲ [5 슬라이드]   ▲ [7 슬라이드]

STEP 03 : 슬라이드 쇼 설정하기

1 ▸ [슬라이드 쇼] 탭에서 **[슬라이드 쇼 설정(🖳)]**을 클릭합니다.

2 ▸ [쇼 설정] 대화상자에서 **펜 색(진한 빨강)**과 **레이저 포인터 색(녹색 계열)**을 설정한 후 <확인>을 클릭합니다.

3 ▸ 재구성된 쇼를 실행하기 위해 [슬라이드 쇼] 탭에서 [슬라이드 쇼 재구성(🖳)]-**인공지능 발표**를 클릭합니다.

4 ▸ 슬라이스 쇼 화면 위에서 마우스 오른쪽 버튼을 눌러 [포인터 옵션]-**[레이저 포인터]**를 클릭합니다.

5 ▸ 마우스 커서가 레이저 포인터로 바뀌면 마우스를 드래그하여 확인해 보세요.

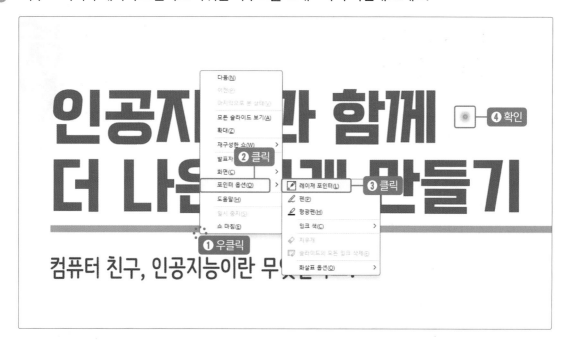

6 › 레이저 포인터 상태에서 **오른쪽 방향키(→)**를 눌러 [2 슬라이드]로 이동합니다.

7 › 마우스 오른쪽 버튼을 눌러 [포인터 옵션]-[**펜**]을 클릭한 후 아래 그림과 같이 글을 적어보세요.

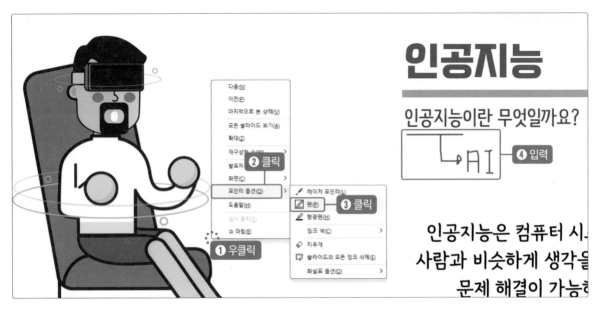

8 › **오른쪽 방향키(→)**를 눌러 [3 슬라이드]로 이동합니다.

9 › 마우스 오른쪽 버튼을 눌러 [포인터 옵션]-[**형광펜**]을 클릭한 후 아래 그림과 같이 드래그하여 표시해 보세요.

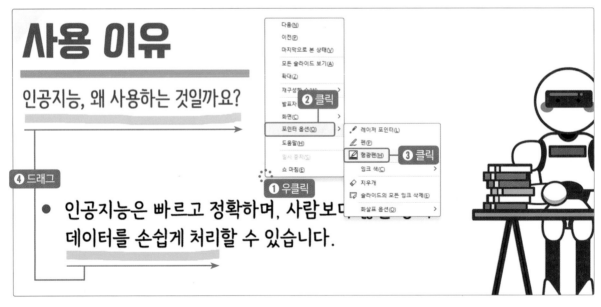

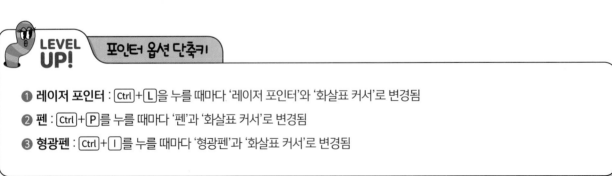

LEVEL UP! 포인터 옵션 단축키

❶ **레이저 포인터** : Ctrl+L을 누를 때마다 '레이저 포인터'와 '화살표 커서'로 변경됨

❷ **펜** : Ctrl+P를 누를 때마다 '펜'과 '화살표 커서'로 변경됨

❸ **형광펜** : Ctrl+I를 누를 때마다 '형광펜'과 '화살표 커서'로 변경됨

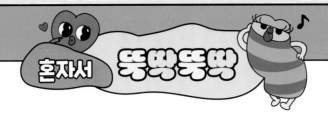

1 확대/축소 기능을 이용하여 슬라이드를 연결한 후 슬라이드 쇼로 확인해 보세요.

· 실습파일 : 21차시_연습문제_1.pptx   · 완성파일 : 21차시_연습문제_1(완성).pptx

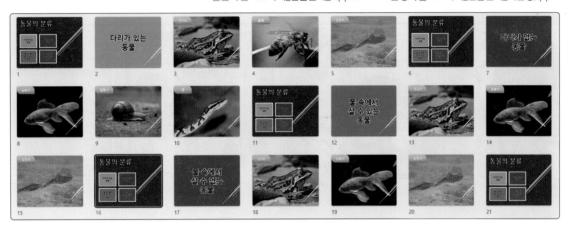

작성
조건
- · [1 슬라이드]를 선택한 후 왼쪽 축소판 그림 창에서 [2 슬라이드]를 안쪽으로 드래그
- · 왼쪽 축소판 그림 창의 스크롤 바를 내려서 [7 슬라이드]를 [1 슬라이드] 안쪽으로 드래그

- · 똑같은 방법으로 [12 슬라이드]와 [17 슬라이드]도 [1 슬라이드] 안쪽으로 드래그
- · [1 슬라이드]에 삽입된 4개의 슬라이드를 모두 선택한 후 [확대/축소]-[확대/축소 스타일] 그룹에서
  단순형 프레임, 흰색 지정

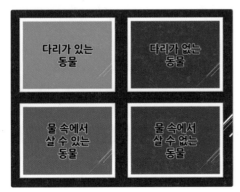

- · F5를 눌러 슬라이드 쇼를 실행한 후 슬라이드 안에 있는 슬라이드를 클릭하여 이동

📢 확대/축소 기능에 대해 알아보아요!

특정 슬라이드에 썸네일 형태로 다른 슬라이드를 연결시킬 수 있는 기능으로 슬라이드 쇼를 실행시킨 후 삽입된 썸네일을 클릭하면 해당 슬라이드가 확대되면서 나타나요.

슬라이드 마스터로 음식 상식 알아보기

학습목표

☆ 슬라이드 마스터가 무엇인지 이해할 수 있어요.

☆ 슬라이드 마스터를 편집하여 모든 슬라이드에 적용할 수 있어요.

☆ 슬라이드 마스터에서 레이아웃을 편집할 수 있어요.

슬라이드 마스터 모든 슬라이드를 대상으로 로고 또는 페이지 번호 등을 삽입하거나, 슬라이드 레이아웃을 편집하고자 할 때는 슬라이드 마스터를 이용하여 작업하는 것이 편리해요.

미리보기 실습파일 : 이미지 파일   완성파일 : 실수로 만들어진 음식(완성).pptx

STEP 01 : 슬라이드 마스터 편집하기

1 ▸ 파워포인트 2021을 실행한 후 **[새 프레젠테이션]**을 클릭합니다.

2 ▸ 빈 파일이 열리면 [보기] 탭의 **[슬라이드 마스터(▢)]**를 클릭합니다.

3 ▸ 축소판 그림 창에서 맨 위의 **Office 테마 슬라이드 마스터**를 선택한 후 슬라이드의 빈 곳에서 마우스 오른쪽 버튼을 눌러 **[배경 서식]**을 클릭합니다.

4 ▸ 화면 오른쪽 [배경 서식] 창에서 **그림 또는 질감 채우기**를 선택한 후 <삽입>을 클릭합니다. 이어서, [그림 삽입] 대화상자에서 **[파일에서]**를 클릭합니다.

5 ▸ [그림 삽입] 대화상자의 [22차시] 폴더에서 **배경그림**을 더블클릭합니다.

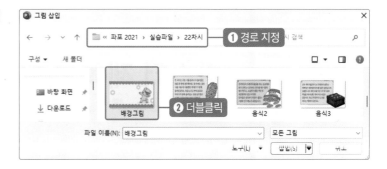

6 ▸ 모든 슬라이드에 배경이 적용되면 [삽입] 탭에서 [그림()]-**이 디바이스**를 클릭합니다. 이어서, [그림 삽입] 대화상자의 [22차시] 폴더에서 **로고**를 더블클릭합니다.

7 ▸ 로고가 삽입되면 조절점()을 이용하여 크기를 줄인 후 위치를 변경합니다.

STEP 02 : **제목 슬라이드 레이아웃 편집하기**

1 ▸ 축소판 그림 창에서 두 번째 **제목 슬라이드 레이아웃**을 선택한 후 제목과 부제목의 글꼴 서식을 아래와 같이 변경합니다.

– 제목 : [홈] 탭에서 글꼴(나눔고딕 ExtraBold), 글꼴 크기(54), 왼쪽 맞춤(≡)

– 부제목 : [홈] 탭에서 글꼴(나눔고딕), 왼쪽 맞춤(≡)

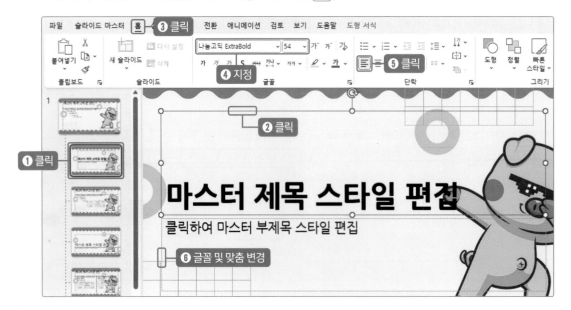

STEP 03 : 제목 및 내용 레이아웃 편집하기

1 ▸ 축소판 그림 창에서 세 번째 **제목 및 내용 레이아웃**을 선택한 후 제목 글꼴 서식을 아래와 같이 변경합니다.

- 제목 : [홈] 탭에서 글꼴(나눔고딕 ExtraBold), 왼쪽 맞춤(≣), 텍스트 맞춤(아래쪽)

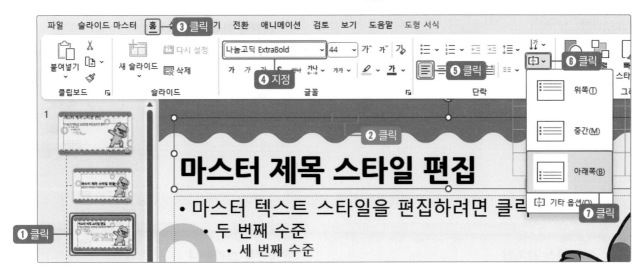

2 ▸ 슬라이드 마스터 작업이 완료되면 [슬라이드 마스터] 탭에서 **[마스터 보기 닫기(⊠)]**를 클릭합니다.

STEP 04 : 내용 입력하기

1 ▸ [1 슬라이드]에 **제목**과 **부제목** 내용을 입력한 후 축소판 그림 창에서 [1 슬라이드]를 선택하여 Enter 를 **5번** 눌러 [6 슬라이드]까지 추가합니다.

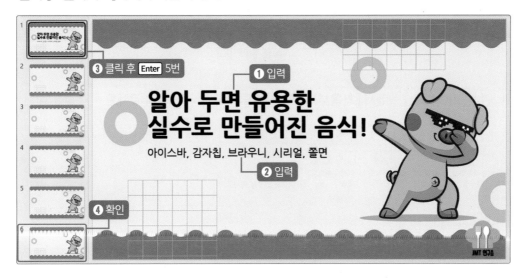

2 ▸ **[2 슬라이드]**를 선택하여 제목을 입력한 후 가운데 **그림( )** 아이콘을 클릭합니다. [그림 삽입] 대화상자의 [22차시] 폴더에서 **음식1**을 더블클릭한 후 위치를 변경합니다.

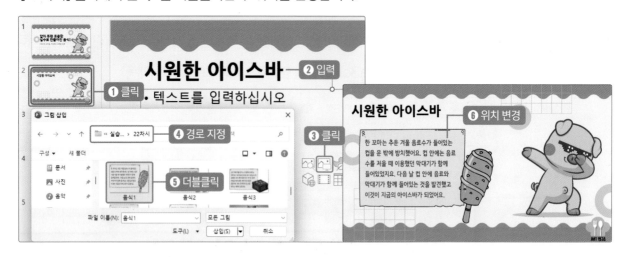

3 ▸ 똑같은 방법으로 [3~6 슬라이드]에 **제목**과 **그림**을 삽입하여 슬라이드를 완성해 보세요.

▲ [3 슬라이드]   ▲ [4 슬라이드]

▲ [5 슬라이드]   ▲ [6 슬라이드]

4 ▸ 모든 작업이 끝나면 [슬라이드 쇼] 탭에서 **[처음부터( )]**를 클릭하거나 F5 를 누르세요.

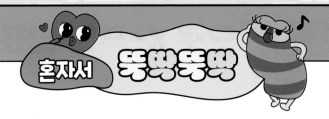

1 슬라이드 마스터 기능을 이용하여 달고나 만들기 과정을 작성해 보세요.

· 실습파일 : 22차시_연습문제_1.pptx   · 완성파일 : 22차시_연습문제_1(완성).pptx

▲ 제목 슬라이드 레이아웃

▲ 제목 및 내용 레이아웃

작성 조건

· [슬라이드 마스터]-[Office 테마 슬라이드 마스터] : 배경(달고나 배경)
· [슬라이드 마스터]-[제목 슬라이드 레이아웃]
  – 제목 텍스트 상자 : 도형 채우기 및 글꼴 서식 지정
  – 부제목 텍스트 상자 : 텍스트 맞춤(중간)
· [슬라이드 마스터]-[제목 및 내용 레이아웃]
  – 제목 텍스트 상자 : 글꼴 서식 지정 및 가운데 맞춤
  – 도형 삽입 : 도형 채우기, 윤곽선 없음, 그림자 지정, 맨 뒤로 보내기
· 문서 작업 : [1 슬라이드] 제목 및 부제목 입력 → 슬라이드 7개 추가 → [2 슬라이드] 제목 및 내용 입력
  → 그림 삽입(이 디바이스) → 그림 효과 지정 → [3~8 슬라이드]도 똑같이 작업

23

학습목표

#템플릿 #발표 자료 만들기

템플릿으로 K-푸드 발표 자료 만들기

☙ 웹 사이트에서 원하는 템플릿을 검색하여 다운로드 받을 수 있어요.

☙ 템플릿을 열어 불필요한 슬라이드를 삭제할 수 있어요.

☙ 슬라이드 내용을 수정한 후 다른 이름으로 저장할 수 있어요.

 붕어빵 틀에 반죽과 함께 넣는 재료에 따라 다른 붕어빵이 나오죠? 템플릿도 마찬가지예요. 디자인 틀과 내용이 미리 입력되어 있는 템플릿에 내용이나 그림만 변경하면 원하는 문서를 금방 만들어낼 수 있어요.

미리보기

실습파일 : 이미지 파일 완성파일 : 한류음식 K-푸드(완성).pptx

STEP 01 : 웹 사이트에서 템플릿 다운로드 받기

1 ▸ 구글 크롬()을 실행하여 주소 입력 칸에 **allppt.com**을 입력하여 접속합니다.

2 ▸ 검색 아이콘(🔍)을 클릭하여 **korea**를 입력한 후 **첫 번째 템플릿**을 선택합니다.

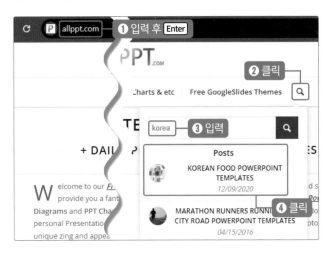

템플릿 검색 결과가 별도 창으로 바뀌면 VIEW를 클릭해 보세요.

3 ▸ 스크롤 바를 아래쪽으로 내린 후 **Click Here to Download This PPT Template**을 클릭하여 템플릿 파일을 다운로드 받으세요.

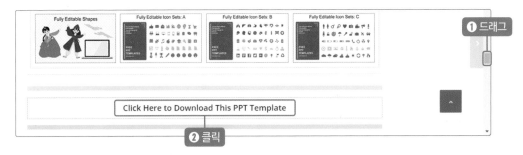

STEP 02 : 템플릿 파일을 열고 제목 슬라이드 만들기

1 ▸ 파워포인트 2021을 실행한 후 **<열기>-<찾아보기>**를 클릭합니다.

2 ▸ [열기] 대화상자가 나오면 **[다운로드]** 폴더에서 **Korean Food PowerPoint Templates. pptx**를 선택한 후 **<열기>**를 클릭합니다.

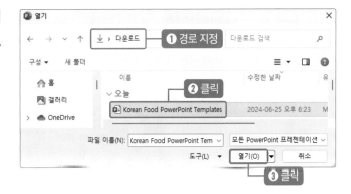

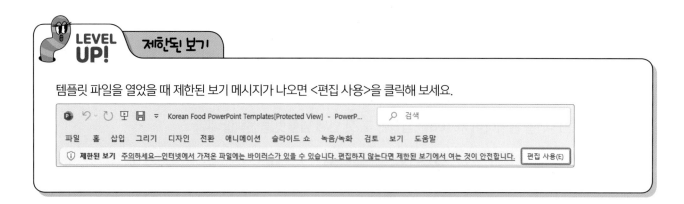

3 ▸ 왼쪽 축소판 그림 창에서 [1 슬라이드]를 클릭한 후 Ctrl + A 를 누르세요.

4 ▸ 모든 슬라이드가 선택되면 Ctrl 을 누른 채 1, 5, 6, 19, 43 슬라이드만 클릭하여 선택을 해제한 후 Delete 를 눌러 불필요한 슬라이드를 삭제합니다.

5 ▸ [1 슬라이드]를 선택하여 Shift 를 누른 채 사용하지 않는 개체를 선택한 후 Delete 를 눌러 삭제합니다.

6 ▸ 제목을 입력한 후 [홈] 탭에서 **글꼴(나눔고딕 ExtraBold)**을 변경합니다. 이어서, 위-아래 문장을 블록으로 지정한 후 **글꼴 크기(40, 96)**를 각각 변경합니다.

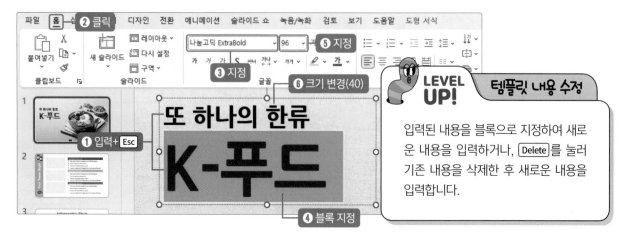

1 ▸ [2 슬라이드]를 선택하여 왼쪽 세로 제목을 입력한 후 **글꼴(나눔명조 ExtraBold)**을 변경합니다. 첫 번째 **그림(🖼)** 아이콘을 클릭한 후 [그림 삽입] 대화상자의 [23차시] 폴더에서 **라면**을 더블클릭합니다.

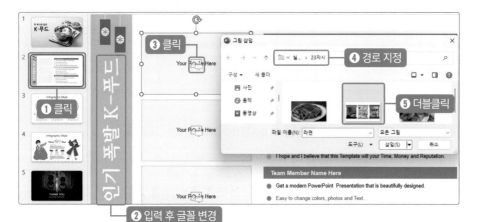

2 ▸ 똑같은 방법으로 **떡볶이**와 **치킨** 이미지를 삽입한 후 **내용을 입력**하고 **글꼴 크기**와 **글꼴 색**을 변경합니다. 사용하지 않는 그림과 텍스트 상자는 삭제합니다.

📢 입력이 힘든 경우 메모장(23차시 본문) 내용을 복사하여 붙여넣으세요.

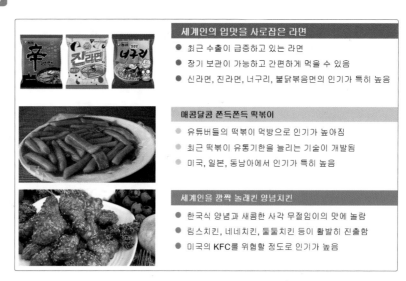

3 ▸ [3 슬라이드]를 선택하여 제목을 입력한 후 **글꼴(나눔명조 ExtraBold)**을 변경합니다.

4 ▸ 슬라이드 하단 텍스트 상자의 **그룹을 해제**한 후 내용을 입력하고 **글꼴 크기**와 **색**을 변경합니다. 이어서, 사용하지 않는 텍스트 상자는 삭제합니다.

글상자를 선택한 후 마우스 오른쪽 버튼을 눌러 [그룹화]-
[그룹 해제]를 클릭해 보세요.

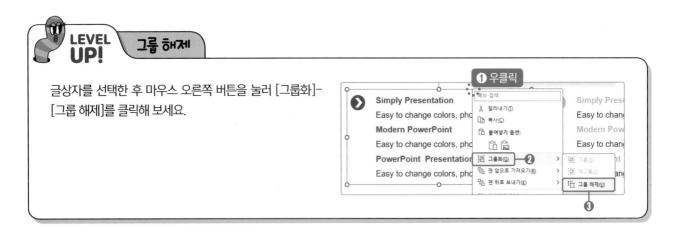

5 ▸ [4 슬라이드]를 선택하여 제목을 입력한 후 **글꼴(나눔명조 ExtraBold)**을 변경합니다.

6 ▸ 텍스트 상자(3개)를 선택하여 내용을 입력한 후 **글꼴 크기**와 **색**을 변경합니다.

7 ▸ [5 슬라이드]를 선택하여 "**감사합니다**"를 입력한 후 **글꼴(나눔명조 ExtraBold)**을 변경합니다. 이어서,
사용하지 않는 텍스트 상자는 삭제합니다.

8 ▸ 모든 작업이 끝나면 [파일] 탭을 누른 후 [**다른 이름으로 저장**]-[**찾아보기**]를 클릭합니다.

9 ▸ [다른 이름으로 저장] 대화상자에서 **저장 경로(바탕화면)**를 지정하고 **파일 이름(한류음식 K-푸드)**을 입력한
후 <**저장**>을 클릭합니다.

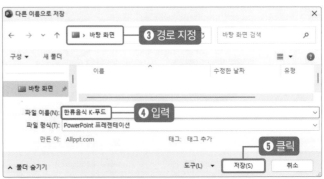

1 템플릿을 다운 받아서 원하는 형태로 수정하여 슬라이드를 작성해 보세요.

· 실습파일 : 오디오 파일   · 완성파일 : 23차시_연습문제_1(완성).pptx

▲ [1 슬라이드]

[2 슬라이드] ▶

◀ [3 슬라이드]

작성 조건
· allppt.com에서 **dance**를 검색하여 첫 번째 템플릿 다운로드
· 템플릿 파일을 불러와 불필요한 슬라이드를 삭제
· [1 슬라이드] 내용 수정 및 글꼴 서식 지정 → 오디오 삽입(배경음악, 백그라운드에서 재생)
· [2 슬라이드] 텍스트 그룹 해제 → 내용 수정 및 글꼴 서식 지정
· [3 슬라이드] 내용 수정 및 글꼴 서식 지정

24

두더지 잡기 게임

✎ 여러 개의 구멍에서 마음대로 튀어 오르는 두더지를 망치로 때려서 잡는 게임을 해본 적이 있나요? 두더지 잡기 게임은 두더지가 어디서 나올지도 모르고 잠깐 나왔다가 사라지기 때문에 긴장감이 넘치는 게임이에요. 오락실에서만 했던 두더지 잡기 게임을 파워포인트로 만들어 볼까요.

미리보기 | 실습파일 : 두더지 게임.pptx, 이미지 파일   완성파일 : 두더지 게임(완성).pptx

STEP 01 : 하이퍼링크 설정하기

1 ▸ [24차시] 폴더에서 **두더지 게임.pptx** 파일을 열어서 [1 슬라이드]를 클릭합니다.

2 ▸ **게임시작** 버튼 위에서 마우스 오른쪽 버튼을 눌러 [하이퍼링크]를 클릭한 후 [현재 문서]-**2. 슬라이드 2**로
연결합니다.

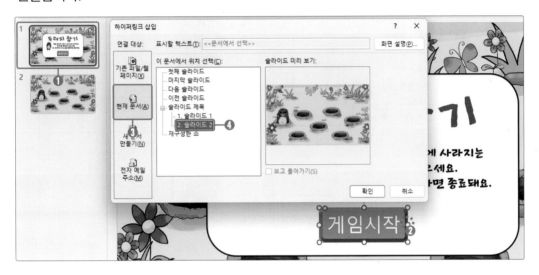

STEP 02 : 두더지가 나타났다 사라지게 만들기

1 ▸ [2 슬라이드]에서 **두더지**를 선택한 후 [애니메이션] 탭의 [애니메이션] 그룹에서 ⊡를 눌러
를 선택합니다.

2 ▸ [기본 효과]-**내밀기**를 선택하고 **시작(이전 효과 다음에)**과 **재생 시간(1.5)**을 지정한 후 **애니메이션** 창을
클릭합니다.

3 ▸ 화면 오른쪽에 [애니메이션 창] 작업 창이 나오면 목록 단추(▼)를 클릭하여 **[효과 옵션]**을 선택합니다.

4 ▸ [내밀기] 대화상자에서 **소리(흡입기)**와 **애니메이션 후(애니메이션 후 숨기기)**를 지정합니다.

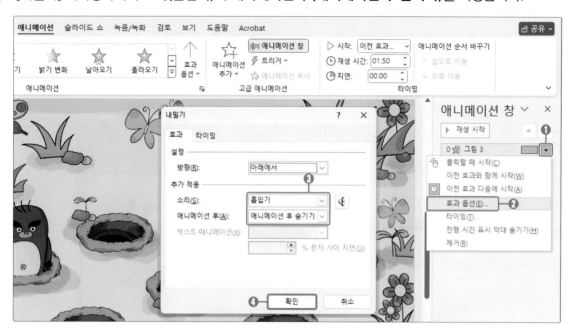

STEP 03 : 두더지를 클릭하면 사라지게 만들기

1 ▸ **두더지**를 선택하여 [애니메이션] 탭의 [애니메이션 추가]-☆ 추가 끝내기 효과(X)... 를 클릭한 후 [온화한 효과]-**돌기**를 선택합니다.

2 ▸ [애니메이션 창] 작업 창에서 목록 단추(▼)를 클릭하여 **[효과 옵션]**을 선택한 후 소리를 **클릭**으로 변경합니다.

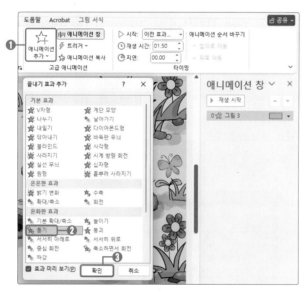

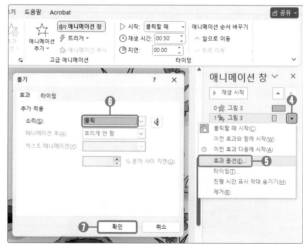

3 ▸ 두더지를 클릭했을 때 사라지도록 하기 위해 [트리거]-[클릭할 때]-**그림3**을 선택합니다.

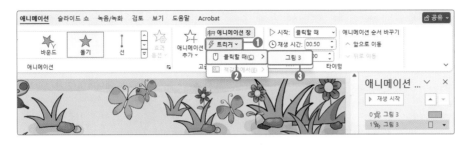

STEP 04 : 두더지 복제하기

1 ▸ Ctrl을 누른 채 두더지를 드래그하여 **6마리**를 복제합니다. 단, 두더지를 복제할 때는 복제된 순서대로 나오기 때문에 한마리씩 **엇갈리게 복제**해 주세요.

STEP 05 : 폭탄 추가하기

1 ▸ 두더지가 아닌 빈 곳을 클릭하면 폭탄이 터지도록 하기 위해 [삽입] 탭에서 [그림]-**이 디바이스**를 클릭한 후 [24차시] 폴더에서 **폭탄**을 삽입합니다.

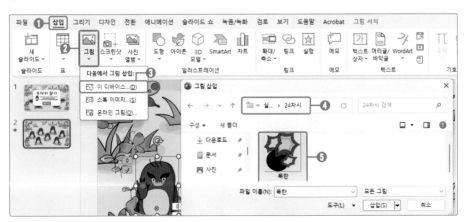

2 ▸ [애니메이션] 탭의 [애니메이션] 그룹에서 [나타내기]-**나타내기**를 클릭합니다.

3 ▸ [애니메이션 창] 작업 창에서 목록 단추(▼)를 클릭하여 **[효과 옵션]**을 선택한 후 소리를 **폭발**로 변경합니다.

1 ▶ 모든 작업이 끝나면 [슬라이드 쇼] 탭에서 **[처음부터]**를 클릭하거나 F5를 눌러 두더지 잡기 게임을 해보세요.

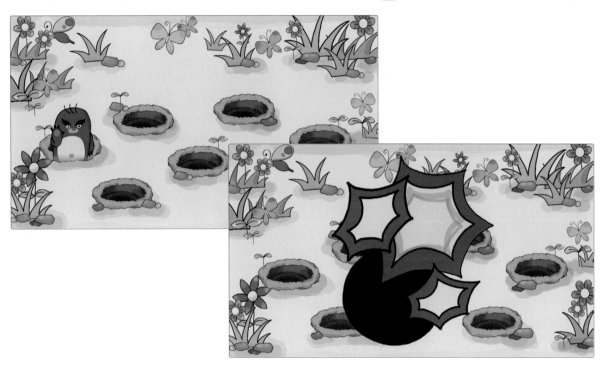

게임이 쉽게 느껴지면 모든 두더지의 [내밀기] 재생 시간을 1~0.5초로 변경한 후 게임을 실행해 보세요.